PROJETO MISSIONÁRIO

TEOLOGIA DO PAPA FRANCISCO

PROJETO MISSIONÁRIO

PAULO SUESS

Dados Internacionais de Catalogação na Publicação (CIP)
(Câmara Brasileira do Livro, SP, Brasil)

Suess, Paulo
Projeto missionário / Paulo Suess. -- São Paulo : Paulinas, 2019. -- (Coleção teologia do Papa Francisco)

ISBN 978-85-356-4548-4

1. Francisco, Papa, 1936- 2. Igreja Católica 3. Missão da Igreja 4. Missionários 5. Teologia I. Título. II. Série.

19-28143   CDD-266

Índice para catálogo sistemático:

1. Missão da Igreja : Cristianismo   266

Cibele Maria Dias - Bibliotecária - CRB-8/9427

1ª edição – 2019

Direção-geral:	Flávia Reginatto
Conselho editorial:	Dr. Antonio Francisco Lelo
	Dr. João Décio Passos
	Ma. Maria Goretti de Oliveira
	Dr. Matthias Grenzer
	Dra. Vera Ivanise Bombonatto
Editores responsáveis:	Vera Ivanise Bombonatto
	João Décio Passos
Copidesque:	Ana Cecilia Mari
Coordenação de revisão:	Marina Mendonça
Revisão:	Sandra Sinzato
Gerente de produção:	Felício Calegaro Neto
Produção de arte:	Tiago Filu

Nenhuma parte desta obra poderá ser reproduzida ou transmitida por qualquer forma e/ou quaisquer meios (eletrônico ou mecânico, incluindo fotocópia e gravação) ou arquivada em qualquer sistema ou banco de dados sem permissão escrita da Editora. Direitos reservados.

Paulinas
Rua Dona Inácia Uchoa, 62
04110-020 – São Paulo – SP (Brasil)
Tel.: (11) 2125-3500
http://www.paulinas.com.br – editora@paulinas.com.br
Telemarketing e SAC: 0800-7010081
© Pia Sociedade Filhas de São Paulo – São Paulo, 2019

TEOLOGIA DO PAPA FRANCISCO

A presente coleção Teologia do Papa Francisco resgata e sistematiza os grandes temas teológicos dos ensinamentos do papa reformador. Os pequenos volumes que compõem mais um conjunto da Biblioteca Francisco retomam os grandes temas da tradição teológica presentes no fundo e na superfície desses ensinamentos tão antigos quanto novos, oferecidos pelo Bispo de Roma. São sistematizações sucintas e didáticas; gotas recolhidas do manancial franciscano que revitalizam a Igreja e a sociedade por brotarem do coração do Evangelho.

CONHEÇA OS TÍTULOS DA COLEÇÃO:

ORGANIZAÇÕES POPULARES
Francisco de Aquino Júnior

ESPÍRITO SANTO
Victor Codina

IGREJA DOS POBRES
Francisco de Aquino Júnior

IGREJA SINODAL
Mario de França Miranda

IGREJA EM DIÁLOGO
Elias Wolff

MÉTODO TEOLÓGICO
João Décio Passos

HOMILIA
Antônio Sagrado Bogaz
João Henrique Hansen

DOUTRINA SOCIAL: ECONOMIA, TRABALHO E POLÍTICA
Élio Estanislau Gasda

JESUS CRISTO
Antonio Manzatto

PIEDADE POPULAR
Ney de Souza

PROJETO MISSIONÁRIO
Paulo Suess

A missão dos eleitos,
de Davi e Marçal Guarani,
de Francisco, Inácio e Irmã Dorothy,
não aconteceu por causa dos seus méritos,
mas pela misericórdia de Deus,
que transformou seu olhar
sobre a essência da vida:
gratidão, sobriedade, mãos vazias.
Deus os fez profetas de um futuro
que não lhes pertence.

INTRODUÇÃO

O discipulado e a missão de anunciar o Evangelho do Reino são como as duas faces de uma mesma moeda (cf. DAp 146, 144). O projeto missionário do Papa Francisco precede seu projeto missiológico. Antes de chegar à Santa Sé, ninguém lhe perguntou se ele, Jorge Mario Bergoglio, por acaso, teria ou não um projeto teológico ou missiológico. Será que foi um descuido dos seus eleitores, no conclave de 2013, não terem perguntado sobre seu "projeto", porque estavam preocupados em asfixiar, com certa rapidez, alguns focos de incêndios de gestões anteriores?

Enquanto Francisco cuidou de formular seu "projeto missionário", com foco na "alegria do Evangelho" (*Evangelii gaudium*) e na "Igreja em saída", as faculdades de Teologia procuravam, com base em alguns antecedentes teológicos e algumas entrevistas de Bergoglio, destilar um "projeto teológico". Ao falar em *off*, professores e editoras lamentavam a ausência de publicações mais relevantes, de *opera omnia* ou ao menos de uma tese de doutorado, na biobibliografia do novo papa, para fundamentar suas análises ou animar o mercado editorial.

Entrementes, os ventos mudaram. Francisco se revelou como discípulo missionário de Jesus de Nazaré, Francisco de Assis e Inácio de Loyola, com uma mística trifásica profunda. Seus escritos vendem bem e são esperados como se fossem o novo volume de *Harry Potter*, enquanto as "Obras Completas" de outros ficam como os *dalits* da Índia, intocáveis nas bibliotecas. Oh povo preconceituoso!

Depois de seis anos do pontificado do Papa Francisco, já se pode melhor descrever os contornos de seu projeto gêmeo, missionário e missiológico, que não permite estabelecer uma dicotomia cartesiana entre práxis e teoria. Hoje, a obra teológica do Papa Francisco está composta por encíclicas, cartas, constituições e exortações apostólicas, discursos programáticos, sermões e, sobretudo, por gestos. A Rádio Vaticano comentou que sua viagem ao encontro dos emigrantes africanos e para chorar os mortos das travessias fracassadas, na pequena ilha de Lampedusa, logo no início de seu pontificado (8.07.2013), foi uma encíclica que caminhou com duas pernas para enfrentar a "globalização da indiferença", uma fincada como uma bengala de protesto no chão da ilha e outra, no lamaçal das lágrimas perdidas numa praia do mar Mediterrâneo.

A encíclica "com duas pernas" aponta o que há de mais precioso na teologia do Papa Francisco, seu olhar para as circunstâncias concretas da vida, que fazem o povo correr atrás de "qualquer coisa para sustentar as próprias famílias" e de onde escutamos a pergunta de Deus que acorda nossa responsabilidade adormecida: "Caim, onde está o teu irmão?". A homilia de Lampedusa foi comovente.

A realidade nos interpela e cobra coerência com os imperativos do Evangelho, que, por sua vez, exigem "um compromisso com a realidade" (DAp 491). Esse compromisso nos conduz "ao coração do mundo", onde abraçamos "a realidade urgente dos grandes problemas econômicos, sociais e políticos da América Latina e do mundo" (DAp 148). Anúncio, gestos e práticas simbólicas do Papa Francisco apontam para uma evangelização integral: "Toda autêntica missão unifica a preocupação pela dimensão transcendente do ser humano e por todas as suas necessidades concretas" (DAp 176; cf. EG 88). Francisco estimula a "ler os sinais dos tempos na realidade atual" (EG 108) e a interpretá-los como mensagens que Deus envia a partir do mundo secular à sua Igreja (cf. GS 44,1). A encarnação na realidade produz conhecimento e ação. O discernimento necessário permite pensar na transformação dessa realidade através de "obras de justiça e caridade" (EG 233).

Francisco convida a comunidade missionária com realismo e poesia a "envolver-se", "acompanhar" e "frutificar" a partir da vida real. Os discípulos missionários tocam "a carne sofredora de Cristo no povo" e "contraem assim o 'cheiro de ovelha'" (EG 24) e a poeira da estrada: "Na sua encarnação, o Filho de Deus convidou-nos à revolução da ternura" (EG 88).

A teologia do Papa Francisco, norteada pela sua máxima "a realidade é mais importante do que a ideia" (EG 231), é a teologia indutiva da tradição latino-americana do ver, julgar/discernir e agir, que parte da vida material e espiritual concreta do povo. Nessa teologia não existe divisão de trabalho. O pianista carrega o piano. Não existe estrelismo, mas folhetos soltos, canções alegres e tristes, salmos de lamentações e ladainhas de louvor. Francisco escreve o que vive e vive o que escreve, zelando pela coerência entre vida e discurso. Tudo está a serviço da missão, cujo "primado é sempre de Deus, que quis chamar-nos para cooperar com ele e impelir-nos com a força do seu Espírito" (EG 12). Ele nos convida a ler, através dos "sinais dos tempos" (cf. EG 14, 51, 108), a sua vontade. "Esta convicção permite-nos manter a alegria no meio de uma tarefa tão exigente e desafiadora" (EG 12), que é a missão.

A alegria missionária e o ardor pentecostal não nos fazem cegos diante da realidade da cruz e dos crucificados. Mas "um maior realismo não deve significar menor confiança no Espírito" (EG 84). O Espírito Santo, que é o Pai dos pobres, sustenta o ardor missionário em função de outro mundo possível para todos. A polaridade entre alegrias e angústias, entre esperança e tristeza, é também fonte de energia. "Sejamos realistas, mas sem perder a alegria, a audácia e a dedicação cheia de esperança. Não deixemos que nos roubem a força missionária!" (EG 109). O roubo dessa força missionária dá-se na distância espiritual e material dos pobres.

A teologia do Papa Francisco é missiologia, pavimentada pela opção pelos pobres que nos convidam a ir aos lugares carentes da presença de Deus. A missão é a razão do nosso ser cristão: "Eu sou uma missão nesta terra", enviado para "estar com os outros e ser para os outros" e para os "iluminar, abençoar, vivificar, levantar, curar, libertar" (EG 273). Nessa missão, Deus "pede-nos tudo, mas ao mesmo tempo dá-nos tudo" (EG 12).

O que Deus nos pede, o Papa Francisco descreve por meio de quatro pilares de uma teologia pastoral em chave missionária:

a) abandonar o imobilismo e tradicionalismo e o cômodo critério pastoral: "fez-se sempre assim" (EG 33);

b) "Ouvir a todos", o que faz parte de um processo participativo, porque "o próprio rebanho possui o olfato para encontrar novas estradas" (EG 35);

c) "Sair de si ao encontro do outro" (cf. 179), porque a Igreja missionária é uma Igreja "em saída". No outro "está o prolongamento permanente da Encarnação para cada um de nós" (EG 179);

d) concentrar o anúncio no essencial (EG 35), porque "as elaborações conceituais hão de favorecer o contato com a realidade que pretendem explicar, e não nos afastar dela" (EG 194).

Sob o ponto de vista missiológico, pode-se ainda acrescentar: marcada pela proximidade aos projetos que apontam para a vida de todos e os movimentos populares, ecumênicos e inter-religiosos, a reflexão missiológica de Francisco é transdisciplinar e intercultural. Com as leis da física quântica, por exemplo, é mais fácil compreender a afirmação muitas vezes repetida na Encíclica *Laudato si'*: "Tudo está interligado" (cf. LS 16, 91, 117, 138, 240). Também as quatro máximas, com as quais explica "o bem comum e a paz social" (EG 217), são interdisciplinares: "o tempo é superior ao espaço" (EG 222), "a unidade prevalece sobre o conflito" (EG 226), "a realidade é mais importante do que a ideia" (EG 231) e "o todo é superior à parte" (EG 234). Tudo está conectado, produzindo energia pela corrente trifásica entre universalidade, contextualidade e transdisciplinaridade (cf. PRODI, 2019). Na memória das vítimas, na palavra das testemunhas e na coragem dos profetas, essa teologia gera luz.

Os textos e gestos do Papa Francisco são como pedras que, em seu conjunto, configuram o mosaico do Bom Pastor. João XXIII abriu as janelas para o mundo. Francisco abre a porta para a "Igreja em saída" (EG 20ss), para ir ao encontro daqueles que caíram nas mãos dos ladrões, para resgatar a ovelha perdida e a terra maltratada, para receber o filho pródigo e insistir sobre um outro estilo de vida. O Jesus de Francisco é o Jesus encarnado no povo simples e na história, o Jesus missionário e macroecumênico, do lava-pés, itinerante, despojado. Seu projeto é o Reino, e os sujeitos desse projeto são os pobres, os que sofrem e os pecadores arrependidos: "Hoje e sempre, os pobres são os destinatários privilegiados do Evangelho, e a evangelização dirigida gratuitamente a eles é sinal do Reino que Jesus veio trazer" (EG 48).

Há navegantes que consideram o barco da Igreja como arca de Noé em alto-mar. Para estes, a abertura das janelas, feita por Noé e João XXIII, já era mais do que suficiente. Por conseguinte, resistem contra a abertura da porta – "vai entrar água e a arca pode ir ao fundo do mar". Mas quem resiste à abertura da porta resiste a Jesus, que é porta e caminho (Jo 10,9; 14,6). Não se deram conta de que o barco, já faz tempo, está encalhado em terra firme e que os navegantes precisam sair para desencalhá-lo. "Igreja em saída" significa desencalhar o barco e oferecer saídas para o barco encalhado. Francisco aposta nos passageiros do barco. Com Jesus ressuscitado no meio deles, eles serão seus timoneiros e pilotos. "A verdadeira esperança cristã, que procura o Reino escatológico, gera sempre história" (EG 181), e na história procura ler os sinais de Deus no tempo. É a transformação missionária da Igreja (EG, cap. 1). Talvez, essa transformação missionária seja a resposta tardia para Medellín (1968), cujo tema era "A Igreja na atual transformação da América Latina à luz do Concílio". A teologia de fundo, a Teologia fundamental, do Papa Francisco, é Teologia da missão para uma Igreja em saída, com asas abertas para voar além-fronteiras. Por deitar suas raízes na vida dos pobres, dos excluídos e nas periferias geográficas e psicossociais da humanidade, Francisco, o discípulo missionário, é gerador de esperança. Sempre viverá a tensão entre asas e raízes, entre seus voos altos e suas raízes profundas.

1

POROROCA MISSIONÁRIA

O projeto missionário-missiológico do Papa Francisco é tão fascinante quanto a pororoca do rio Amazonas no encontro com o Oceano Atlântico. É um encontro impetuoso, um abraço apaixonado de águas doces com salgadas, como a missão. A doçura da missão e o mundo salgado produzem sinergias que sustentam a vida humana. Numa época de crise mundial e eclesial, o Papa Francisco veio para mostrar a força e a doçura do Evangelho ao mundo, cujo sal, que é de origem mineral, portanto, de origem nobre, não tem prazo de validade, mas pode perverter sua finalidade pelo uso excessivo.

O itinerário missionário de Francisco é como o rio Amazonas, o rio-mar que, antes de chegar ao encontro com as águas do Oceano, se enriquece de muitas fontes. No tempo das enchentes, corrige suas margens e incorpora novas terras. Na foz, ocorre um forte barulho causado pelas ondas agitadas do rio que, por um instante, resiste a deixar de ser rio e entregar seus despojos, sem mais nem menos, ao silêncio das águas do mar. Quem ouviu esse estrondo, na foz do Amazonas, jamais o esquecerá. Os primeiros habitantes e navegantes da região, os índios tupi, chamaram esse encontro de "pororoca".

A teologia do Papa Francisco, que é fundamentalmente uma teologia missionária, tem algo a ver com esse estrondo na foz do rio Amazonas, que é um contraponto à sonolência de muitos tratados teológicos de hoje que se refugiam em suas fontes sem gratidão e criatividade, e que têm medo de avançar para águas mais profundas e misteriosas, além da pororoca.

Sim, a "pororoca missionária" do Papa Francisco, às vezes, é barulhenta, acorda, derruba árvores às margens do rio e traz pequenas ilhas, que arrancou da terra firme, como memória de uma longa viagem e sinal da renovação necessária e possível. Dias antes de o Amazonas chegar à sua foz, os tambaquis acomodados e os tucunarés medrosos, que acompanharam o rio, sentindo o cheiro do mar salgado e o barulho da pororoca, se despedem e voltam para as águas seguras de ontem.

Às vezes, por alguns instantes, a pororoca recorre ao silêncio, o que permite ouvir um casal de araras com seu *rarara* por perto. Uma ave, por ser bonita, nem sempre sabe cantar, e o uirapuru-verdadeiro, uma ave que não chama a atenção pela beleza de suas penas, é considerado músico da mata. Uma árvore que cai faz mais barulho que uma floresta que cresce. Vivemos rodeados por surpresas e indícios de que os dons da natureza foram aleatoriamente distribuídos. Mar adentro, longe da foz, o Amazonas, rio de água doce, se desfaz no mar salgado, onde assume sua eternidade.

2

PROJETO MISSIONÁRIO: ALEGRIA, TRANSFORMAÇÃO, RELEVÂNCIA

As três metas desse projeto estão interligadas: a alegria no coração, a transformação na Igreja e a relevância do ser cristão para o mundo. Este "ser para" tem prioridade na vida inaciana. Nele está a relevância da missão, que tem absoluta prioridade. Aliás, tudo está interligado, como o Papa Francisco muitas vezes afirma (cf. LS 16, 91, 117, 138, 240). A alegria é um indicador da energia que somos capazes de investir nesse projeto missionário. A transformação na Igreja será consequência de uma profunda "conversão ecológica" (LS 217), a qual nos faz viver nossa "vocação de guardiões da obra de Deus que não é algo de opcional [...], mas parte essencial de uma existência virtuosa" (ibid.). "Os desertos exteriores se multiplicam no mundo, porque os desertos interiores se tornaram tão amplos" (LS 217). Essa transformação torna a Igreja mais relevante para o mundo e capaz de "vencer a lógica da razão instrumental" (LS 219). O projeto de Francisco, que propõe a transformação da Igreja Católica em Igreja missionária (cf. EG 19-49), "para que os costumes, os estilos, os horários, a linguagem e toda a estrutura eclesial se tornem um canal proporcionado mais à evangelização do mundo atual que à autopreservação" (EG 27), rompe com o projeto hegemônico de hoje, que fez grande parte da humanidade cair no abismo de "um consumismo sem ética nem sentido social e ambiental" (LS 219).

Essa ruptura podemos compreender como o *reset* (reassentamento) de um computador. Assim como um computador ou um dos seus programas bloqueados podem voltar a funcionar com um *reset*, nosso estilo de vida bloqueado, nossos ideais e fórmulas caducadas exigem urgentemente um *reset*. A teologia do Papa Francisco, que é uma teologia indutiva que nasce no chão da vida de pessoas concretas, de suas alegrias e sofrimentos, de seus desejos e sonhos, é sempre orientada para seu projeto missionário. Como destilar das dores da humanidade, as quais sempre nascem de um abuso da natureza que nos rodeia ou estão dentro de cada um de nós, um vinho bom, uma conversão profunda, uma mudança do nosso estilo de vida, um aprendizado sustentável para uma convivência feliz com a natureza, com os nossos semelhantes e com Deus?

O projeto missionário de Francisco é este *reset* eclesial, configurado por escritos e discursos, por entrevistas e viagens, e, sobretudo, por gestos que apontam para uma Igreja em transformação missionária, presente nas periferias e nos centros, nas paixões, nas glórias e limitações humanas (cf. EG 40-45). Seu estilo de vida é de uma "sobriedade feliz" (LS 224s), contagiante, radicada numa "ecologia integral" (LS 137ss) e orientada para o "princípio do bem comum" (LS 156ss) de toda a humanidade. Nesse projeto, a missão como práxis transformadora e sua fundamentação teológica têm "um significado programático" (EG 25) para a humanidade contemporânea e seu futuro que não lhe pertence.

Entre os pontos programáticos da Teologia da missão do Papa Francisco, que muitas vezes se mesclam com questões urgentes da humanidade, podemos elencar questões metodológicas, como a ênfase no discurso indutivo (ver-julgar/discernir-agir). Desde o Papa João XXIII e o Vaticano II, esse discurso foi introduzido na Igreja, mas, durante o tempo pós-conciliar, foi também contestado por setores que perderam a sua hegemonia teológica baseada numa teologia mais estática e fundamentalista. Nas questões de conteúdo, podemos apontar para o desdobramento teológico e prático da "natureza missionária" da Igreja, com seu impacto sobre a ministerialidade, sacramentalidade e sinodalidade. Estas produzem um novo relacionamento entre Igrejas universal e local e entre Igreja e povo de Deus.

Ao sintetizar as diferentes manifestações através de palavras, documentos e gestos de Francisco, podemos elencar as seguintes constantes: a partir do Evangelho, temos uma mensagem alegre e uma advertência urgente: alegria, misericórdia e relevância.

Já nos títulos dos seus escritos, Francisco enfatiza a alegria, a vida e a relevância contemporânea. Tornaram-se palavras-chave, seguindo a Constituição Pastoral do Vaticano II, a *Gaudium et spes*, sobre a "Alegria e esperança no mundo de hoje", de 1965:

– *Evangelii gaudium* (A alegria do Evangelho anunciado no mundo atual), 2013;

– *Laudato si'* (Louvado sejas – Sobre o cuidado da casa comum), 2015;

– *Amoris laetitia* (A alegria do amor que se vive na família), 2016;

– *Veritas gaudium* (Sobre as universidades e faculdades eclesiásticas), 2017;

– *Gaudete et exsultate* (Alegrai-vos e exultai no mundo atual), 2018;

– *Christus vivit* (Aos jovens e a todo o povo de Deus: Cristo vive e quer-te vivo!).

A EG estimula a "ler os sinais dos tempos na realidade atual" (EG 108) e a interpretá-los como mensagens que Deus envia desde o mundo secular à sua Igreja (cf. GS 44,1). Partindo da vida concreta e contemporânea da humanidade, de suas alegrias e esperanças, tristezas e angústias (cf. GS 1), Francisco procura olhar nos olhos do outro, procura sentir o peso nas costas do pobre e o desprezo que cai sobre o rosto do outro, ver os rumos dos caminhos de todos. Essencial para a missão da Igreja é a alegria embutida na mensagem de Jesus vivo que resiste aos momentos depressivos de sofrimento e desamparo. Essa alegria tem uma energia criativa e restauradora, em face da falta de solidariedade e negação do reconhecimento da alteridade.

Entre a alegria contida na boa-nova de Jesus e o desamparo da humanidade e da natureza, a tarefa da missão é construir a ponte de transformações profundas que exige a audácia apostólica de evangelizadores alegres. Faz tempo que a Igreja trabalha na construção dessa ponte de transformação. A proposta de Medellín (1968), por exemplo, já levou a ideia da transformação em seu título: "A Igreja na atual transformação da América Latina à luz do Concílio". Francisco nos convida a estabelecer uma relação entre a transformação da Igreja e as transformações do mundo de hoje e nos pergunta: "Como devemos pensar a transformação da Igreja no mundo atual em transformação?".

Com a audácia apostólica de evangelizadores alegres (cf. DAp 552), Francisco nos lembra de Aparecida (2013): "A Igreja é chamada a repensar profundamente e a relançar com fidelidade e audácia sua missão nas novas circunstâncias latino-americanas e mundiais" (DAp 11). Não basta ser genial nas propostas. Precisamos ser audazes nas respostas e ações. Aparecida menciona o apóstolo Paulo como evangelizador que "indicou o caminho da audácia missionária"

(DAp 273) e da conversão "em uma Igreja cheia de ímpeto e audácia evangelizadora" (DAp 549). E o nome da audácia em situações de desespero é "esperança".

A teologia da missão do Papa Francisco percorre o itinerário de um discípulo missionário de Santo Inácio de Loyola e São Francisco de Assis, de Charles de Foucault e São Romero, do Vaticano II e de Aparecida, da *Evangelii gaudium* e da *Laudato si'*, até o Sínodo para a Amazônia. No Sínodo nos convida a assumir o testamento de seu magistério, que é um magistério enraizado na periferia, no mistério da Encarnação (LS 236) e na ecologia integral. Nunca nos foi proposta uma missão tão ampla, católica, interligada: "os pobres e a fragilidade do planeta" (LS 16), "o tempo e o espaço" (LS 138), os componentes físicos, químicos e biológicos estão relacionados entre si: "Assim também as espécies vivas formam uma trama que nunca acabaremos [...] de compreender" (LS 138). "Exige-se uma preocupação pelo meio ambiente, unida ao amor sincero pelos seres humanos e a um compromisso constante com os problemas da sociedade" (LS 91). Deus imprimiu em toda a criação um dinamismo trinitário do qual brota uma mística da solidariedade (cf. LS 240).

A teologia missionária do Papa Francisco tem "a peito a finalidade evangelizadora da Igreja e da própria teologia, e não se" contenta "com uma teologia de gabinete" (EG 133). Por vezes contrai o "cheiro das ovelhas" (EG 24) ou assume esse gosto suavemente salgado como remédio, ou melhor, como suplemento alimentar que garante a longevidade. Quem não se lembra do "catálogo das 15 doenças curiais" do Papa Francisco, apresentado no discurso, "suavemente salgado", por ocasião das felicitações de Natal à Cúria Romana, no dia 22 de dezembro de 2014, com pulso firme diante dos seus colaboradores curiais? O discernimento inaciano nos diz: a finalidade do discurso, aparentemente pouco franciscano, não foi a humilhação dos interlocutores, mas a melhoria do "profissionalismo", que não permite a "mediocridade", e do "serviço", que rejeita o papel de "uma alfândega pesadamente burocrática", como Francisco pediu no ano anterior (21/12/2013). "Profissionalismo" e "serviço" têm, como destino certo, as Igrejas locais, são probióticos para a vida do mundo. Entre suas dicas probióticas, que explicou em seu discurso natalino de 2015, se encontram:

– *missionariedade*, que é aquilo que torna a vida cristã fecunda;

– *idoneidade*, que nos faz seguir a sentença: "Fazer tudo como se Deus não existisse e, depois, deixar tudo a Deus como se eu não existisse";

– *espiritualidade*, que "é a coluna sustentáculo de qualquer serviço na Igreja" e protege nossa fragilidade;

– *fidelidade* à nossa vocação, que garante "a credibilidade do nosso testemunho";

– *racionalidade*, que evita "os excessos emocionais" e os "excessos da burocracia";

– *determinação*, que permite "agir com vontade decidida, visão clara e obediência a Deus" [...] "pela lei suprema da *salus animarum*";

– *caridade na verdade*, porque "a caridade sem verdade torna-se ideologia na bonacheirice destrutiva e a verdade sem caridade torna-se justicialismo cego";

– *honestidade*, que "é a retidão, a coerência e o agir em absoluta sinceridade com nós mesmos e com Deus";

– *respeito*, que é dote "das pessoas que sabem ouvir atentamente e falar educadamente";

– *atenção*, que "é o cuidado dos detalhes e a oferta do melhor de nós mesmos sem nunca cessar de vigiar sobre os nossos vícios e faltas";

– *prontidão*, que "significa estar sempre a caminho, sem jamais se sobrecarregar acumulando coisas inúteis e fechando-se nos próprios projetos, nem se deixar dominar pela ambição";

– *sobriedade*, que "é a capacidade de renunciar ao supérfluo e resistir à lógica consumista dominante [...], é prudência, simplicidade, essencialidade, equilíbrio e temperança, [...] é contemplar o mundo com os olhos de Deus e com o olhar dos pobres e do lado dos pobres. A sobriedade é um estilo de vida, que indica o primado do outro como princípio hierárquico e manifesta a existência como solicitude e serviço aos outros".

Por fim, o que prevalecerá nessa Teologia da missão de Francisco é a misericórdia, seu compromisso encarnado com os destinatários mais frágeis, pelos quais assumiu sua tríplice missão, petrina, inaciana e franciscana. A "misericórdia é escândalo para a justiça, loucura para a inteligência, consolação para nós, devedores. A dívida de existir, a dívida de ser amados, só se paga com a misericórdia".[1]

---

[1] Discurso à Cúria Romana, 21/12/2015.

3

DISCÍPULO DE INÁCIO DE LOYOLA E FRANCISCO DE ASSIS (1)

Dos onze papas provenientes de uma das famílias franciscanas (franciscanos, O.F.M.; franciscanos conventuais, O.F.M.Conv.; franciscanos seculares, O.F.S.), nenhum adotou, como papa, o nome do fundador de sua ordem. A história teve que esperar o jesuíta argentino, Jorge Mario Bergoglio, que no dia 13 de março de 2013 foi eleito papa e escolheu o nome Francisco, não do jesuíta Francisco Xavier, como muitos num primeiro momento pensavam, mas de Francisco de Assis. Com o nome, escolheu um projeto para seu pontificado e para o século XXI: a opção pelos pobres e um estilo de vida na simplicidade, a opção pelo ecumenismo e o diálogo, pela ecologia e o futuro da humanidade, e pela alteridade e a paz. A escolha do Papa Francisco não foi o resultado de uma vocação franciscana tardia de um jesuíta arrependido de sua primeira opção. Mario Bergoglio acrescentou à vocação de jesuíta a vocação de franciscano, que são vocações teológicas – nem sempre políticas – muito semelhantes, porém de épocas e estilos de vida diferentes. Muitas cartas que nos falam da vida nas missões, escritas por jesuítas, poderiam também ser escritas por franciscanos preocupados em viver como peregrinos, ajudar os pobres, visitar os doentes, ouvir confissões e traduzir orações do latim à respectiva língua autóctone.

Nos séculos de sua fundação, jesuítas e franciscanos entenderam missão como envio para salvar as almas dos não batizados. As palavras "não batizados", "pagãos" e "infiéis" eram consideradas sinônimos e descreviam o campo da missão *ad gentes*. A prática missionária explícita da Ordem Franciscana, prescrita canonicamente na Regra, refere-se originalmente à missão "entre os sarracenos e outros infiéis".[1]

Segundo a biografia de Tomás de Celano, para Francisco de Assis a melhor maneira de cumprir o voto de obediência era "a obediência de ir entre os infiéis por divina inspiração, tanto para o proveito dos outros como pelo desejo do martírio". A vida franciscana tem, no testemunho para o bem do próximo e como testemunho qualificado (martírio) no seguimento de Jesus, uma estrutura missionária fundamental. Os frades franciscanos vão para países estranhos não para abrir casas religiosas, mas sim para abrir caminhos e, com a graça de Deus, para encontrar o martí-

---

[1] Regra Não Bulada da Ordem dos Frades Menores (1Rg) n. 16 e Regra Bulada da Ordem dos Frades Menores (2Rg) n. 12, em: São Francisco de Assis. *Escritos e biografias de São Francisco de Assis. Crônicas e outros testemunhos do primeiro século franciscano*. 4. ed. Petrópolis, Vozes, 1986. A seguir, citado como Escritos e conforme as siglas aí indicadas nas p. 54s.

rio. O martírio sempre exercerá sobre Francisco uma fascinação especial. "Martírio" é "seguimento de Jesus", que une as vocações franciscana, cristã e missionária. Essa radicalidade deita suas raízes na mística franciscana das chagas de Jesus Crucificado. Quando o *poverello* encontra um outro abandonado, o toca amorosamente. E o fugitivo de Assis, por sua vez, se deixa tocar pelos que vivem expostos à beira do caminho. A passagem da missão não se realiza na mão única, em busca da conversão do outro, mas no vaivém das surpresas do encontro, da proximidade, do toque amoroso e do diálogo.

Não é por acaso, mas por afinidade espiritual com São Francisco, que o papa nos fala da "cultura do encontro em uma harmonia pluriforme" (EG 220) e do martírio. Na Regra Não Bulada do Santo de Assis aparece entre as seis condições para a missão a "prontidão para o martírio": "Todos os irmãos [...] considerem que se entregaram ao Senhor Jesus Cristo e lhe deram direito sobre seus corpos. Por amor dele, devem expor-se aos inimigos, visíveis e invisíveis". Na programática *Evangelii gaudium*, o Papa Francisco escreveu: "A comunidade missionária [...] sabe ir à frente, sabe tomar a iniciativa sem medo, ir ao encontro, procurar os afastados e chegar às encruzilhadas dos caminhos para convidar os excluídos. [...] O discípulo sabe oferecer a vida inteira e jogá-la até ao martírio como testemunho de Jesus Cristo" (EG 24).

Também o início da fundação da Companhia de Jesus, em 15 de agosto de 1534, no Montmartre de Paris, na "Montanha dos Mártires", tem como pano de fundo a entrega total da vida ao martírio. Na terceira semana dos "exercícios espirituais" que os inacianos fazem no decorrer de sua formação religiosa, também Mario Bergoglio meditou sobre o caminho martirial de Jesus: "de Betânia a Jerusalém", "desde a ceia até o horto", "do horto até a casa de Anás", "da casa de Anás até a de Caifás", "da casa de Caifás até o pretório de Pilatos", da casa de Pilatos até o Calvário onde Jesus foi crucificado (LOYOLA, 2000, n. 190-208).

Para Francisco de Assis e Inácio de Loyola, os primeiros inspiradores de sua missionariedade são os caminhos do "êxodo", saídas de alguma escravidão, caminhos de purificação e conversão; são partidas geográficas, sociais e estruturais de situações emperradas; são *metoikesis*, transferências da alma, no sentido socrático; são despedidas do mundo pequeno da própria origem e "partos" para uma vida nova e encarnada. Caminhar e encarnar, dois modos de vida opostos e polares que se energizam. Caminhos missionários abrem alternativas. "Saídas franciscanas" e "inacianas" são "saídas sistêmicas" implícitas que abrem caminhos para o encontro com Jesus, no encontro do outro e do pobre, do leproso e do excluído, do faminto e do desesperado.

Os caminhos missionários levaram Francisco da casa do pai para a rua, do centro da cidade para os leprosos na periferia, de Assis para Roma (1210), onde recebeu do Papa Inocêncio III o reconhecimento provisório de sua forma de vida. De Roma peregrinou à Terra Santa. No Egito, no centro do poder islâmico, empenhou-se com o sultão Malik al-Kamil pela paz na região. Sua ida à Síria, em 1212, onde pretendia pregar o Evangelho aos sarracenos, foi impedida por um naufrágio e sua saída para Marrocos, por doença. Os capítulos de Pentecostes, na Porciúncula, são sempre oportunidades para iniciar missões além-fronteiras. Em 1217 foi enviado para a França, Áustria, Hungria, Espanha, Síria e para diversas províncias italianas. Em 1221, a Ordem enviou mais de 30 irmãos à Alemanha e, em 1224, para a Inglaterra. "Saídas" do centro tornaram-se caminhos de conversão e martírio.

Os inacianos vieram depois dos franciscanos ao Brasil, que não era mais chamado "Terra dos Papagaios" (1501) nem "Terra de Santa Cruz" (1503). Os mendicantes já vieram com a experiência missionária de 250 anos da Europa e Ásia; para os jesuítas, que chegaram ao Brasil, não só o país, também a missão como tal, era terra incógnita. Mesmo assim, deixaram sinais indeléveis de sua presença no continente e no país. Com velocidade e zelo, procuraram recuperar sua chegada tardia. Em dez anos, desde o reconhecimento papal da Companhia, em 1540, fizeram-se presentes no sul da Índia, em 1542; no Congo, desde 1547; no Japão, em 1549, e no Brasil, a partir de 1549.

Os ideais dos fundadores de ordens religiosas discordam da plausibilidade oficial dos respectivos tempos. Ideais são respostas proporcionais a ameaças contextuais pela banalidade da vida real, pela fatalidade do destino e pela insensibilidade dos sistemas. Mas, onde reagimos "virtuosamente", o perigo de reproduzir o pecado que combatemos é particularmente grande. Como transformar o imaginário do missionário visitante para que caiba nele o "bárbaro" como o outro e o outro como irmão? A "catequese virtuosa" de cada ordem religiosa sofre com a virtude específica de seu carisma. Os ideais, não só de franciscanos e jesuítas, mas de toda a empresa humanitária, segundo a lei da polaridade, exigem um cuidado máximo. Pecadores e santos que concomitantemente somos, todos temos nossas dificuldades em administrar a realidade, às vezes, não admitida e, por isso, beirando à neurose, no esquecimento e na repressão. Freud fala de ambivalência (cf. FREUD, 1996, cap. VIII). A regressão à barbárie é sempre possível. O sol, que nos ilumina, também pode nos ofuscar. Discernimento e conversão acompanham os santos de Assis e Loyola.

4
DISCÍPULO DE INÁCIO DE LOYOLA E FRANCISCO DE ASSIS (2)

O recurso à teologia genericamente agostiniana, na época da conquista espanhola, mostrou-se fatal para a prática missionária dos franciscanos na América e confirma certa "regressão à barbárie". Por influência de Agostinho, o pecado original adquiriu um peso quase esmagador sobre a natureza humana. Essa visão pessimista está presente na "teologia das sentenças" (Hugo de São Vítor, Anselmo de Laon, Pedro Lombardo), em que havia certa confusão entre a ordem natural e a sobrenatural. A minimização do natural inspirou as interpretações teocráticas do poder pontifício, não só nos tempos de Gregório VII (1073-1085) até Bonifácio VIII (1294-1303), mas também na defesa das "guerras justas" contra os índios. A "ecologia integral" (LS 137ss) do Papa Francisco pode costurar as rupturas do dualismo entre a ordem natural e a sobrenatural. Sistemas bipolares representam sempre uma distorção excludente da realidade: salvo/perdido, senhor/servo, bom/mau, pecador/santo, natural/espiritual, natureza/graça. Ecoteologias holísticas, teologias da criação e teologias índias que articulam os diferentes mitos de criação dos povos indígenas terão imensas tarefas pela frente.

Para resgatar a natureza humana corrompida dos índios, que foram chamados "os naturais", marcada pelo pecado original, é apresentada uma Igreja autoritária do padroado que administra a graça divina (SUESS, 1988, p. 32ss). A conquista, assim afirmam os "Doze" (franciscanos), num suposto "Diálogo", em 1524, logo após sua chegada no México, é castigo de Deus atribuído aos índios pela vida fora da graça redentora de Jesus (León-Portilla, 1986, p. 113, 193s). Trezentos anos depois da viagem de Francisco ao Egito, para dialogar com o sultão, o "Diálogo" dos Doze compromete a proposta missionária do *poverello*, aparentemente, com uma ideologia missionária. E Francisco Xavier mostrou que também a sua teologia missionária, que era a teologia oficial da Igreja, estava sem consolo para os antepassados dos japoneses. De Cochin, ele mesmo escreve em 29 de janeiro de 1552 a seus companheiros da Europa: "Uma desconsolação têm os cristãos do Japão [...]. Muitos choram os mortos e me perguntam se podem ter algum remédio por via de esmolas e orações. Eu lhes digo que nenhum remédio têm" (ZUBILLAGA, 1996, 96.48).

Para a Companhia de Jesus, a experiência missionária de Francisco Xavier era pioneira. Quando chega em Goa, em 6 de maio de 1542, já encontra franciscanos, dominicanos e um clero secular com uma longa tradição missionária mundo afora. No início desse itinerário em direção à "Índia portuguesa", por falta de ventos favoráveis, a viagem foi interrompida, em Moçambique, por alguns meses. De lá, Francisco escreve aos companheiros em Roma: "Depois de chegarmos aqui, tratamos os doentes pobres que vieram na Armada. [...] Estávamos todos nos hospedando com os pobres, segundo nossa pequena e magra força, ocupando-nos tanto do temporal como do espiritual" (ZUBILLAGA, 1996, 13.2). O despojamento de Francisco Xavier era franciscano, radical e prudente. Antecipou a "sobriedade feliz" (LS 224) por um meio milênio. Seu coração estava onde seus pés andavam e seus braços se multiplicavam. Advertia os que vinham para a Índia para cuidar de suas raízes: "Entrando em grandes adversidades, caminhando entre infiéis, se não tiverem muitas raízes, se apaguem os fervores e, estando na Índia, vivam com os desejos de Portugal" (ZUBILLAGA, 1996, 90.36). Não olhou para trás, assim como o Papa Francisco, em Roma, não mostrou "desejos" de Argentina.

Francisco Xavier soube cativar os pobres pela própria pobreza, pelo seu despojamento e sua gratuidade. "Quem toma, tomado está", anota numa Instrução, de abril 1549, a um colega (ibid., 80.36). O santo aponta para um diálogo inter-religioso entre os pobres, onde não existem modelos normativos, mas o faro humano e divino que faz acontecer o que deve ser naquilo que pode ser. Para os pobres, o pluralismo das religiões não é problema; é solução que está relacionada à sua pobreza e às múltiplas alteridades culturais. Aonde os inacianos chegaram, começaram a aprender a língua local, reunir crianças, rezar e cantar, e visitar os doentes.

Francisco é seu nome! De Assis, de Loyola, de Buenos Aires? Os três estão interligados na quintessência do ser cristão: viver o Evangelho, quer dizer, seguir Jesus, que é o Caminho. O que vale é caminhar, não chegar. O que vale é o encontro no caminho. Podemos encontrar Deus em todas as coisas, dizem os inacianos. Embora a expressão "encontrar a Deus em todas as coisas" não se encontre, literalmente, nos escritos de Inácio, alguns textos, em escritos fundantes da Companhia, como nos "Exercícios espirituais", permitiram fazer do "encontrar a Deus em todas as coisas" um eixo da espiritualidade missionária inaciana. Ela é também o fio condutor da teologia e da pastoral do Papa Francisco.

Deus é não só origem e fim da nossa vida, mas também presença que "age por mim em todas as coisas criadas sobre a terra" (LOYOLA, 2000, n. 236), porque "Deus nosso Senhor está em cada criatura, segundo a sua própria essência, presença e poder" (ibid., n. 39.5), está "nos elementos, dando o ser; nas plantas, a vida vegetativa; nos animais, a vida sensitiva; nas pessoas, a vida intelectiva" (ibid., n. 235).

O encontro com Deus, em tudo, que foi criado, tem a mesma finalidade que a nossa criação. Fomos criados para louvar e servir a Deus (cf. ibid., n. 23.2 e 7). Os múltiplos encontros de um dia e de uma vida não são nada mais do que lembretes da presença transformadora de Deus no meio de nós, são convites para viver a transformação salvífica com que nossa vida foi e é agraciada a cada instante. Assim, o "encontrar a Deus em todas as coisas", nas pequenas coisas da vida cotidiana, se torna convite e presença missionária, capaz de transformar a vida em cada instante e em cada circunstância desses encontros. Podemos significá-los como encontros trinitários, com o Criador, como encontros pascais com Jesus e encontros escatológicos com o Espírito Santo. Nesses encontros já somos esperados. "Em qualquer forma de evangelização, o primado é sempre de Deus, que quis chamar-nos para cooperar com ele e impelir-nos com a força do seu Espírito" (EG 12).

Resumidamente se trata de caminhar em comunidade e de se libertar de tudo que faz esse caminho pesado, cansativo e sem perspectiva. Jesus, antes de enviar seus discípulos em missão, lhes deu uma dica: "Nada leveis pelo caminho" (Lc 9,3). Não complique sua vida com malas pesadas! E malas pesadas não faltam: culpas, estilos autodestrutivos de vida, pessimismo, preconceitos, desconfiança. Podemos reescrever a narrativa do nosso mal-estar, considerando que recebemos a missão como dom, "esta missão de iluminar, abençoar, vivificar, levantar, curar, libertar" (EG 273).

Francisco de Assis e Francisco de Loyola estariam muito contentes ao ouvir seu xará de Buenos Aires, Francisco do Vaticano, falar assim, com tanta sabedoria, audácia e humildade. Em harmonia com suas respectivas alteridades, o franciscano do papa convive bem com o jesuíta de Bergoglio. Assim como São Paulo procurava as sinagogas para iniciar sua pregação missionária, os franciscanos procuravam os pobres para iniciar sua pregação, e os jesuítas se encarregavam de povos indígenas, fundando colégios e universidades, Papa Francisco se tornou discípulo missionário do mundo, armando a sua cadeira teológica nas periferias, com uma aula inaugural na pequena ilha de Lampedusa, para os refugiados da África, e outra na comunidade de Varginha, em Manguinhos, fora das atrações turísticas do Rio de Janeiro, e uma aula de despedida, provavelmente na Amazônia.

5

DA SUSTENTÁVEL "NATUREZA MISSIONÁRIA": VATICANO II, PAULO VI E FRANCISCO

Os pressupostos missiológicos acolhidos durante o Vaticano II, pela afirmação da "natureza missionária" (AG 2; cf. LG 17) da Igreja, são as águas profundas da teologia do Papa Francisco: "A Igreja peregrina é por sua natureza missionária. Pois ela se origina da missão do Filho e da missão do Espírito Santo, segundo o desígnio de Deus Pai" (AG 2; cf. LG 17). A missiologia, que era um anexo optativo ao campo da pastoral, migrou na teologia de Francisco para o campo da "teologia fundamental". A transformação da missão territorial em essência missionária da Igreja povo de Deus tem a sua origem na centralidade de Deus, que se encarnou na proximidade com os pobres neste mundo. Para os seguidores de seu projeto, que é o Reino, a "natureza missionária" é concomitantemente uma "natureza profética" diante do antiprojeto do reino do pão não partilhado, do poder que não se configura como serviço, do privilégio que favorece a acumulação e do prestígio que organiza eventos de ostentação, em vez de articular processos de transformação. O Vaticano II nos permite compreender melhor a teologia e os gestos do Papa Francisco (cf. GALAVOTTI, 2019). Ambos nos animam a compreender a missão como militância por um mundo melhor, por transformações históricas e pessoais.

Por referências diretas e por intermédio de Paulo VI (1962-1978), o Papa Francisco mantém em seus escritos uma interlocução permanente com o magistério universal do Concílio Vaticano II (1961-1965). Na EG, por exemplo, os documentos do Vaticano II citados são muitos: *Ad gentes, Christus dominus, Dei Verbum, Gaudium et spes, Inter mirifica, Lumen gentium, Unitatis redintegratio*. Francisco atribui peso doutrinal particular à Constituição dogmática *Lumen gentium*, sete vezes citada pela EG (cf. EG 17). Ao todo, a EG cita Paulo VI vinte e cinco vezes; dezessete citações se referem à "Exortação apostólica *Evangelii nuntiandi*" (EN). O magistério de Francisco representa o desdobramento missiológico do Vaticano II. A "natureza missionária" da Igreja é o eixo da eclesiologia e o coração do magistério petrino do Papa Francisco.

Francisco é o primeiro papa que não participou do Vaticano II, mas ele é também o papa que, seguindo o espírito do Vaticano II, aponta em seus documentos e gestos para tarefas que um novo Concílio teria que assumir: a transformação missionária da Igreja e o diálogo como encontro (1), o despojamento como "sobriedade feliz" (LS 224), que contrasta com a "alegre irresponsabilidade" (LS 59) e "superficialidade" (LS 229) do desenvolvimentismo irresponsável (2), a sinodalidade da Igreja que pratica a participação do povo de Deus nas decisões importantes (3), a proximidade e descentralização (4), a responsabilidade pela casa comum, essencial para a paz mundial e a ecologia (5). E todos esses cinco horizontes são marcados por realismo e alegria, procurando traduzir os artigos de fé em sinais de justiça, imagens de esperança e práticas de solidariedade.

No capítulo I da *Evangelii gaudium*, sobre "A transformação missionária da Igreja", Francisco lembra a afirmação do Vaticano II, de que a Igreja peregrina deve assumir processos de reforma perenes: "O Concílio Vaticano II apresentou a conversão eclesial como a abertura a uma reforma permanente de si mesma por fidelidade a Jesus Cristo: "Toda a renovação da Igreja consiste essencialmente numa maior fidelidade à própria vocação. [...] A Igreja peregrina é chamada por Cristo a esta reforma perene. Como instituição humana e terrena, a Igreja necessita perpetuamente desta reforma [UR 6] (EG 26)". Para não errar no discernimento da maior fidelidade, o que é muito importante para a presença da Igreja em culturas diferentes, o Concílio Vaticano II afirmou que "existe uma ordem ou 'hierarquia' das verdades da doutrina católica, já que o nexo delas com o fundamento da fé cristã é diferente [UR 11] (EG 36)".

A "hierarquia" das verdades aponta para o anúncio do essencial, e o essencial precisa ser contextualizado e inculturado. Francisco partilha com Paulo VI a opinião de que certa descentralização da Igreja, com a transferência de tarefas para as Igrejas locais, se beneficia de uma melhor percepção da realidade: "Não é função do papa oferecer uma análise detalhada e completa da realidade contemporânea" (EG 51). Francisco anima "todas as comunidades a 'uma capacidade sempre vigilante de estudar os sinais dos tempos'" (EG 51; ES 27). E ele vai mais longe ao declarar que "nem o papa nem a Igreja possuem o monopólio da interpretação da realidade social ou da apresentação de soluções para os problemas contemporâneos" (EG 184). E Francisco assume as palavras de Paulo VI: "Perante situações, assim tão diversificadas, torna-se difícil a nós tanto pronunciar uma palavra única como propor uma solução que tenha um valor universal. [...] É às comunidades cristãs que cabe analisar, com objetividade, a situação própria do seu país" (EG 184; OA 4).

Como Paulo VI, também Francisco enfoca não só a simplicidade do estilo de vida dos pastores, que faz parte da autenticidade, mas também a simplicidade do anúncio do Evangelho. Os fiéis "esperam muito desta pregação [...], contanto que ela seja simples, clara, direta, adaptada" (EG 158; EN 43b). Muitos "esqueceram a simplicidade e importaram de fora uma racionalidade alheia à gente" (EG 232).

O povo "tem sede de autenticidade [...], reclama evangelizadores que lhe falem de um Deus que eles conheçam e lhes seja familiar como se eles vissem o invisível" (EG 150; EN 76).

A sede de Deus se expressa também na simplicidade da religiosidade popular. Nela, "pode-se captar a modalidade em que a fé recebida se encarnou numa cultura" (EG 123). Francisco nos remete à EN de Paulo VI, que "deu impulso decisivo" na direção "de uma redescoberta" dessa sede que "somente os pobres e os simples podem experimentar" (EG 123, EN 48e). "Bem orientada", dizia Paulo VI, "esta religiosidade popular pode vir a ser cada vez mais, para as nossas massas populares, um verdadeiro encontro com Deus em Jesus Cristo" (EN 48f).

A transmissão do Vaticano II no magistério de Francisco passou, muitas vezes, pela mediação de Paulo VI. A primeira referência da EG é a quase esquecida "Exortação apostólica sobre a alegria cristã" (*Gaudete in domino*), de Paulo VI (EG 3), e o mais citado documento da EG é a "Exortação apostólica sobre a evangelização no mundo contemporâneo" (*Evangelii nuntiandi*). A alegria do Evangelho e a alegria na evangelização, "a suave e reconfortante alegria de evangelizar, mesmo quando for preciso semear com lágrimas!" (EN 80h; EG 10), são fios condutores seguidos ao longo da EG. Dessa "alegria trazida pelo Senhor ninguém é excluído" (EG 3; GD 22). Ela se opõe à "alegre irresponsabilidade" (LS 59) e "superficialidade" (LS 229), aos prazeres da "sociedade técnica", e se encontra, muitas vezes, nas "pessoas muito pobres que têm pouco a que se agarrar" (EG 7; GD 8).

Ideias centrais da EG como a atenção para a realidade, a conversão permanente, a descentralização administrativa da Igreja, a simplicidade do anúncio, a autenticidade vivencial, a atenção simpática para a religiosidade popular e o anúncio integral do Evangelho, já se encontram no magistério de Paulo VI. Francisco acolhe essas inspirações com sensibilidade latino-americana.

Como Paulo VI, na sua Encíclica programática *Ecclesiam suam*, escrita em meio às lutas conciliares pela renovação da Igreja, também Francisco percebe a "necessidade generosa e quase impaciente de renovação, isto é, de emenda dos defeitos" (EG 26; ES 4) da instituição eclesial que ele, em diferentes ocasiões, chama de autorreferencial (PAPA FRANCISCO, p. 64, 93, 95; EG 8, 94s).

O próprio Francisco não escapa da autorreferencialidade sistêmica. Em seu discurso aos movimentos populares, no Equador, no dia 9 de julho de 2015, pediu perdão aos povos indígenas pelos "muitos e graves pecados contra os povos nativos da América, em nome de Deus". Mas seu pedido de perdão é logo neutralizado por afirmações – corretas, mas fora de lugar – de que nas crueldades da conquista também superabundou a graça, porque "tantos bispos, sacerdotes e leigos pregaram a boa-nova de Jesus com coragem e mansidão". Também a canonização de Frei Junípero Serra (1713-1784), sob o protesto de muitos indígenas dos Estados Unidos e do México, dois meses mais tarde, no dia 23 de setembro, em Washington, foi um ato de autorrelevância institucional.

Por fim, Francisco recomenda "aquele princípio de discernimento que Paulo VI propunha a propósito do verdadeiro desenvolvimento: Todos os homens e o homem todo" (EG 181; PP 14), o que significa: integralidade, reciprocidade e universalidade sem exclusão. "Sabemos que 'a evangelização não seria completa, se ela não tomasse em consideração a interpelação recíproca que se fazem constantemente o Evangelho e a vida concreta, pessoal e social, dos homens'" (EG 181; EN 29). Como Paulo VI se fez diante do areópago da Assembleia Geral das Nações Unidas "advogado dos povos pobres" (PP 4), assim Francisco escolheu Lampedusa, a pequena ilha italiana entre a Sicília e a costa da Tunísia e da Líbia, para mostrar o significado da Igreja "em saída" (8 de julho de 2013). Foi à Lampedusa para se fazer advogado dos milhares de imigrantes africanos e para "chorar os mortos" dos naufrágios de embarcações que transportaram imigrantes do Oriente Médio e norte da África para a União Europeia. Também no afã do despojamento pessoal e no intuito de tornar normas eclesiásticas "mais praticáveis pela simplificação" (ES 28),

Francisco está muito afinado com Paulo VI, o qual no dia 13 de novembro de 1964, um mês antes de viajar à Índia, depositou a sua tiara no altar da oferenda para ser vendida em benefício dos pobres.

6

APARECIDA: DO "CORO DE FUNDO" PARA "PROTAGONISTAS DA VIDA NOVA" (DAp 11)

Ao término da primeira audiência a um chefe de Estado, no dia 18 de março de 2013, o recém-eleito Papa Francisco entregou à presidente de seu país, Cristina Fernández de Kirchner, as conclusões da V Conferência Geral do Episcopado Latino-Americano, realizada no Santuário de Aparecida, no Brasil, de 13 a 31 de maio de 2007. A mensagem era singela, já que não pôde mais voltar à sua pátria, como antes. Mandou ao seu povo, pela Presidenta Kirchner, algumas gotas de sangue do seu coração, contidas nessas conclusões. Como se deu essa intimidade de Francisco com Aparecida?

Promovido a cardeal, em 2001, e como presidente da Conferência Episcopal argentina, Bergoglio esteve muito envolvido na preparação de Aparecida. O CELAM Conselho Episcopal Latino-Americano) associou os vinte e dois presidentes das conferências episcopais da América Latina e do Caribe aos encaminhamentos mais importantes para a V Conferência. No segundo dia da Conferência de Aparecida, no dia 15 de maio de 2007, falaram todos os presidentes dessas vinte e duas Conferências episcopais. Bergoglio sugeriu que a proposta final tivesse três gêneros: um documento com o perfil do discípulo missionário hoje na América Latina, uma mensagem final aos povos e um texto com propostas pastorais que, depois da Conferência, deveriam ser aprofundadas. Logo mencionou três macrodesafios: a ruptura na transmissão da fé, a desigualdade escandalosa que divide a sociedade em "cidadãos" e em "massa sobrante e descartável", e "a crise dos vínculos familiares e sociais". Nesse mesmo dia, Bergoglio foi eleito pelo plenário presidente da comissão estratégica de redação final do Documento de Aparecida (DAp), junto com sete outros sinodais. Da missa que Bergoglio celebrou na Basílica de Aparecida, no dia 16 de maio, guardou-se um breve registro de sua homilia sobre o Espírito Santo, na qual ele pediu à Igreja que ela não seja autossuficiente e autorreferencial, e que seja capaz de chegar a todas as periferias humanas. Em Aparecida já falava o sucessor do Papa Bento.

Método e conteúdo de Aparecida tornariam-se mais tarde a moldura e o prefixo teológico do magistério do Papa Francisco. "Em continuidade com as Conferências Gerais anteriores do Episcopado Latino-americano", Aparecida "faz uso do método 'ver, julgar e agir'" porque "este método tem colaborado para que vivamos mais intensamente nossa vocação e missão na Igreja, tem enriquecido nosso trabalho teológico e pastoral e, em geral, tem-nos motivado a assumir nossas responsabilidades diante das situações concretas de nosso continente":

> ver a realidade; a assunção de critérios que provêm da fé e da razão para seu discernimento [...]; e, em consequência, a projeção do agir como discípulos missionários de Jesus Cristo. A adesão crente, alegre e confiante em Deus Pai, Filho e Espírito Santo, e a inserção eclesial, são pressupostos indispensáveis que garantem a eficácia deste método" (DAp 19).

O que o Papa Francisco levou em sua pasta preta, que o acompanha em todas as viagens pelo mundo afora, de Aparecida para Roma?

Em 2011, quando Bergoglio – agora já com 75 anos de idade – devolveu a presidência do episcopado argentino, deu uma longa entrevista à Agência Informativa Católica Argentina/AICA. Nessa entrevista falou de Aparecida, da pastoral urbana e do papel dos leigos. Considerou o Documento de Aparecida, com todas as luzes e sombras que no decorrer da Conferência se mostraram, "um chamado à criatividade [...] que não termina com um documento [...], mas com uma missão". Sombras considerou

> as mil e uma coisinhas que travavam e que nós tivemos que superar. [...] Acredito que tudo foi um complexo de luzes e sombras e que a luz venceu. É a primeira Conferência Geral do Episcopado que foi feita em um santuário mariano que tem

capacidade para 35 mil pessoas. Todos os dias nós concelebrávamos, os duzentos e tantos bispos, com o povo. Nos dias de semana vinha pouquinha gente: duzentas, trezentas pessoas, pouquinhas [...] Sábado e domingo, trinta mil. E as sessões eram embaixo do santuário, em instalações que existem lá para os peregrinos. Então, a nossa música de fundo eram os cantos do santuário. A voz do povo de Deus. Essa foi uma das grandes luzes de Aparecida: o povo de Deus envolvido na Conferência, em um santuário mariano, a casa da Mãe.

Mais tarde, na *Evangelii gaudium*, o papa vai dizer: "Os evangelizadores contraem assim o 'cheiro de ovelha', e as ovelhas escutam sua voz" (EG 24). Posteriormente, na Constituição apostólica *Episcopalis communio* – sobre o Sínodo dos Bispos, ele vai mais longe, procurando tirar o povo de Deus do seu papel de "coro de fundo" (*backing vocal*) e de "corista" para reivindicar o protagonismo do povo de Deus nas decisões que dizem algo a seu respeito.

Os pobres não são apenas destinatários da evangelização. Todos os dias "se fazem sujeitos da evangelização e da promoção humana integral: educam seus filhos na fé, vivem constante a solidariedade", procuram "a Deus e dão vida ao peregrinar da Igreja" (DAp 398; cf. 377). Mas não só os pobres, todos os batizados, "através do sacerdócio comum do povo de Deus", são chamados "a viver e a transmitir a comunhão com a Trindade, pois 'a evangelização é um chamado à participação da comunhão trinitária'" (DAp 157). O DAp situa essa convocação universal no chão pastoral:

"Todos os membros da comunidade paroquial são responsáveis pela evangelização dos homens e mulheres em cada ambiente" (DAp 171), onde devem cumprir sua "missão evangelizadora" (DAp 287). A rigor, todos "temos que ser de novo evangelizados" (DAp 549) e "buscar novas formas de evangelizar de acordo com as culturas e as circunstâncias" (DAp 369).

Com o sonho da evangelização inculturada, surge a crítica do mundo real. Num continente de batizados e de pobres, em Aparecida se pergunta o porquê da irrelevância desse Batismo para a superação da pobreza e da miséria (cf. DAp 176). Causas dessa situação, dizem os delegados, podem ser encontradas na primeira evangelização, com suas luzes e sombras, santidade e incoerência (DAp 5), apesar do "anúncio explícito do Evangelho", desde o início da evangelização (DAp 217). Não bastava, portanto, o anúncio explícito. Aparecida constata "o escasso acompanhamento dado aos fiéis leigos em suas tarefas de serviço à sociedade" (DAp 100); depois de enfatizar a centralidade e necessidade da Eucaristia para a vida da Igreja, mostra-se preocupada com "a situação de milhares dessas comunidades privadas da Eucaristia dominical" e com uma evangelização na qual persistem "linguagens pouco significativas para a cultura atual" (DAp 100d). Mas o documento não faz nenhuma proposta corajosa que indique uma ruptura dessa precariedade eucarística secular em muitas Igrejas locais.

Ao abordar a pastoral urbana, naquela mesma entrevista, Bergoglio falou da dificuldade "de compreender as linguagens que vão surgindo, que são totalmente diferentes. [...] O monocultural não existe". Depois menciona Aparecida, que "tem algumas considerações muito fortes sobre a pastoral urbana". Soluções novas e, pastoralmente, audazes, Francisco não apontou, nem quando falou do papel dos leigos e de sua clericalização:

> Nós, os padres, tendemos a clericalizar os leigos. Não nos damos conta, mas é como contagiá-los com o nosso estilo. E os leigos, não todos, mas muitos, nos pedem de joelhos para clericalizá-los, porque é mais cômodo ser coroinha do que ser protagonista de um caminho leigo. [...] O leigo é leigo e tem que viver como leigo com a força do Batismo, que o habilita para ser fermento do amor de Deus na própria sociedade, para criar e semear esperança, para proclamar a fé, não de cima de um púlpito, mas a partir da vida cotidiana.

Atrás das palavras de efeito e dos sinais comoventes de Francisco, aos quais não estávamos mais acostumados, existe algo que aponta para o futuro? É óbvio que a vontade de retirar o entulho feudal e colonial da Igreja ainda não é um programa de governo. A limpeza de uma escada começa de cima para baixo. A radiação missionária da Igreja peregrina vai ser o prefixo teológico-pastoral da reforma da cúria, da restauração da colegialidade estorvada pelos excessos de centralização e da revisão da monoculturalidade litúrgica e ministerial. O discurso para os bispos do Brasil, por ocasião da Jornada Mundial da Juventude, no Rio de Janeiro, em 27 de julho de 2013, é explicitamente uma releitura da Conferência de Aparecida para o magistério de Francisco, que mal completava quatro meses. A partir dos discípulos de Emaús, que fogem de Jerusalém, Francisco faz uma leitura do êxodo da Igreja, analisa suas razões, para depois, em forma de pergunta, dar o seu recado aos pastores: "Somos ainda uma Igreja capaz de aquecer o coração? Uma Igreja capaz de reconduzir o povo [que está em fuga] a Jerusalém? Em Jerusalém, estão as nossas fontes" (PALAVRAS DO PAPA, p. 98s). Eis a missão da Igreja: devolver a cidadania ao povo que está em fuga, decifrar as razões e a noite contida na fuga de Jerusalém, "fazer companhia, de ir para além da simples escuta", voltar com o povo para Jerusalém, para as fontes, e caminhar devagar no ritmo do povo! "A Igreja sabe ainda ser lenta: no tempo para ouvir, na paciência para costurar novamente e reconstruir? Ou a própria Igreja já se deixa arrastar pelo frenesi de eficiência (ibid., p. 99)?" Depois retoma desafios e propostas de fundo do Documento de Aparecida, hoje já todos presentes nos documentos do seu magistério, como a formação, colegialidade, solidariedade, renovação e descentralização das estruturas, o estado permanente de missão e Amazônia. "Faz falta, pois, uma progressiva valorização do elemento local e regional. Não é suficiente a burocracia central, mas é preciso fazer crescer a colegialidade e a solidariedade; será uma verdadeira riqueza para todos" (ibid., p. 103; cf. DAp 181-183, 189).

Aparecida assumiu a missão como paradigma-síntese e como práxis do discípulo missionário. Incorporou nesse paradigma as propostas da descolonização e inculturação, libertação e opção pelos pobres. Essa missão evangelizadora exige "um compromisso com a realidade" (DAp 491) num processo sem fim. O discipulado missionário é a existência "normal" e "ordinária" do batizado em todos os estratos, ambientes e atividades sociais (cf. DAp 95, 121, 125, 227, 232, 415, 432ss, 491, 501, 530). É o sonho da "religiosidade virtuosa", descrita por Max Weber, que nunca se realiza plenamente, a não ser no martírio. Traduz-se em outro sonho, o da Igreja samaritana e profética, presente como *kairós* nas comunidades, em suas lutas por justiça e reconhecimento, e nas tentativas de construção de um mundo pluricultural para todos. Nesses sonhos está a beleza do DAp e estaria também a sua fragilidade e a do projeto do Papa Francisco, se não tivesse, além das múltiplas interpretações teológicas do mundo, a mediação histórica do testemunho qualificado no martírio, capaz de transformá-lo.

7
MISSÃO E MARTÍRIO

Os primeiros mártires, na América Latina, foram os conquistados por armas de fogo, venenos e doenças (cf. LAS CASAS, 2016). O segundo martírio é uma consequência de opções pastorais de colocar-se ao lado das vítimas contemporâneas, ao lado dos pobres e de outros em suas lutas por vida e justiça. Essas lutas têm ocasionado perseguições e mortes: "Estimula-nos o testemunho de tantos missionários e mártires de ontem e de hoje em nossos povos que têm chegado a compartilhar a cruz de Cristo até à entrega da própria vida" (DAp 140). Lugar da cruz são as periferias, que são lugares de encontro com os marginalizados e os marginais, os fugitivos e os refugiados, com os desesperados e os excluídos. As mesmas periferias são também lugares do encontro com Deus, que no presépio se fez pequeno; no Egito se fez um refugiado; no monte das oliveiras, um desesperado; no tribunal da época, um acusado; na cruz, um condenado à morte.

Muitos textos de Aparecida, que falam do martírio, têm cheiro de uma redação bergogliana: "Nossas comunidades levam o selo dos apóstolos e, além disso, reconhecem o testemunho cristão de tantos homens e mulheres que espalharam em nossa geografia as sementes do Evangelho, vivendo valentemente sua fé, inclusive derramando seu sangue como mártires" (DAp 275). O martírio é um sinal evidente "da presença de Deus" (DAp 383) que deve marcar as estruturas da Igreja. Aparecida, capitaneada por Bergoglio, se comprometeu a ser "com maior afinco, companheira de caminho de nossos irmãos mais pobres, inclusive até o martírio" (DAp 396). Aprofundou a opção preferencial pelos pobres: "Que seja preferencial implica que deva atravessar todas as nossas estruturas e prioridades pastorais" (ibid.). Como papa, Francisco aprofundou também o conceito do martírio na ocasião da beatificação de Monsenhor Oscar Arnulfo Romero.

No decorrer de séculos, no processo de beatificação foi introduzido o critério de que a causa do martírio tinha de ser "ódio à fé" (*odium fidei*) do respectivo assassino. Mas os assassinos da América Latina, em sua grande maioria, eram batizados e mataram por cobiça e poder, e não por "ódio à fé". Faz mais de trinta anos que o jesuíta Karl Rahner questionou o critério do "ódio à fé" como pressuposto para o reconhecimento do martírio (RAHNER, 1983, p. 16). Rahner perguntou, o que permitiu destravar uma série de processos de beatificação: "Por que Maria Goretti, que foi morta a facadas, em 1902, por um rapaz da vizinhança, foi declarada mártir, se o motivo do rapaz para o crime não foi 'ódio à fé', mas 'um desejo sexual'?" (cf. ibid., p. 13).

O processo de beatificação do arcebispo de El Salvador, Oscar Arnulfo Romero, foi formalmente aberto pela Arquidiocese de El Salvador em 1990, e em 1996 encaminhado a Roma, onde ficou parado nos escaninhos da Congregação das Causas dos Santos. Com a beatificação de Oscar Romero como "Servo de Deus e Mártir", no dia 23 de maio de 2015, o papa introduziu novos critérios para o reconhecimento canônico da santidade e do martírio. Nessa ocasião, Francisco escreveu uma carta a Dom José Luís Escobar Alas, arcebispo de San Salvador e presidente da Conferência Episcopal de El Salvador, para expor suas razões e desenhar um retrato de Dom Romero como bispo mártir e modelo de bom pastor (FRANCISCO, 2015). A carta tem caráter universal e retoma pensamentos documentados um ano antes do assassinato de Romero nas Conclusões de Puebla, tentando "encorajar a opção de sacerdotes e religiosos pelos pobres e marginalizados" e obrigando a Igreja "a suportar em seus membros a perseguição e, às vezes, a morte, como testemunho de sua missão profética" (DP 92).

A carta de Francisco é pastoralmente programática: contém os elementos essenciais para a escolha de um bispo, o significado do martírio e um plano de pastoral encarnado na vida do povo. Os mártires são as testemunhas de uma

Igreja encarnada, dizia Romero: "Alegro-me, irmãos, porque nossa Igreja é perseguida, justamente por sua opção preferencial pelos pobres e por se encarnar no interesse dos pobres" (ROMERO, 1979).

Oscar Arnulfo Romero, escreve o papa,

– "construiu a paz com a força do amor, deu testemunho da fé com a sua vida dedicada até ao extremo";

– foi "um bispo zeloso que, amando Deus e servindo os irmãos, se tornou a imagem de Cristo Bom Pastor";

– "distinguiu-se, em seu ministério, por uma atenção especial aos mais pobres e aos marginalizados";

– "no momento da sua morte, enquanto celebrava o Santo Sacrifício do amor e da reconciliação, recebeu a graça de se identificar plenamente com aquele que entregou a vida pelas suas ovelhas";

– teve "a capacidade de ver e de ouvir o sofrimento do seu povo [...], a ponto de fazer do seu agir uma prática repleta de caridade cristã";

– "experimentou na sua própria carne 'o egoísmo que se insinua em quantos não querem ceder o que é seu para alcançar os outros'";

– fez "do seu agir uma prática repleta de caridade cristã";

– "preocupou-se com as 'maiorias pobres', com um coração de pai, pedindo aos poderosos que transformassem 'as armas em foices para o trabalho'".

E o papa resgata da vida de Romero uma mensagem essencial para a vida da Igreja: "A voz do novo Beato continua a ressoar para nos recordar que a Igreja [...] é chamada hoje em El Salvador, na América e no mundo inteiro: a ser rica de misericórdia e a tornar-se fermento de reconciliação para a sociedade".

Na missa de beatificação, foi lida a bula apostólica com que o Papa Francisco proclamou o Beato Oscar Romero "bispo e mártir, pastor segundo o coração de Cristo, evangelizador e pai dos pobres, testemunha heroica do Reino de Deus, reino de justiça, fraternidade e paz". Após a proclamação oficial, foi levada ao altar a relíquia: a camisa ensanguentada do dia em que o arcebispo foi assassinado. Eis o sangue de Cristo! Eis o mistério da fé! Um processo semelhante foi iniciado com a beatificação de quatro mártires, assassinados em 1976 pela Junta Militar argentina, por causa do seu empenho pelos pobres. Entre eles, Enrique Angelelli, então bispo de La Rioja.

O fato de Francisco chamar Romero de "pai dos pobres", que é uma invocação do Espírito Santo, e a data que o papa escolheu para realizar a beatificação desse mártir, véspera da Festa de Pentecostes, são indicadores para o exercício do ministério episcopal: ser instrumento do Espírito Santo, que é Deus no gesto do dom e da gratuidade, do receber, dar e doar-se. Pela beatificação de Oscar Romero, na véspera de Pentecostes, no dia 23 de maio de 2015, o

Papa Francisco mostrou à Igreja universal a proximidade entre a doação da vida e o Espírito Santo. Na gratuidade, concretiza-se a resistência contra a lógica hegemônica do custo-benefício (cf. Ef 2,8s). A gratuidade é a condição da não violência e da paz, que aponta para a possibilidade de um mundo para todos. Oscar Romero, lembrou o papa em sua carta, é a transformação do dom em gratuidade de ação. No dia 14 de outubro de 2018, no decorrer do Sínodo dos Jovens, Dom Oscar Romero foi canonizado, ele, como disse o papa em sua homilia, "que deixou as seguranças do mundo, incluindo a própria incolumidade, para consumir a vida – como pede o Evangelho – junto dos pobres e do seu povo, com o coração fascinado por Jesus e pelos irmãos". Certos projetos de vida, como o de Romero e o de Francisco, só têm um lugar para se tornarem perenes: ao pé da cruz.

8

A ALEGRIA DO EVANGELHO NA IGREJA EM SAÍDA

Depois de meio século de um magistério tímido no aproveitamento de aberturas permitidas e esperanças alimentadas pelo Vaticano II, o Papa Francisco começou a assumir configurações bíblicas e descortinar horizontes conciliares para uma Igreja em saída de um inverno eclesial. Para essa saída, que é sinônimo do envio dos discípulos e da "transformação missionária da Igreja" (EG, cap. 1), valem as instruções missionárias de Jesus aos Doze: "Mandou que não levassem nada pelo caminho, a não ser um cajado; nem pão, nem sacola, nem dinheiro à cintura, mas que calçassem sandálias e não usassem duas túnicas" (Mc 6,8s). E qual é o conteúdo essencial que faz parte dessa evangelização explícita? O Mestre dá ordens claras: "No vosso caminho, proclamai: 'O Reino dos Céus está próximo'. Curai doentes, ressuscitai mortos, purificai leprosos, expulsai demônios. De graça recebestes, de graça deveis dar!" (Mt 10,7s).

A alegria do Evangelho na Igreja em saída está nesta leveza de seus instrumentos (doutrinas e tecnologias), no despojamento de seu estilo de vida, na concentração ao essencial (cf. EG 35) e na capacidade de rever prescrições que não favorecem mais o anúncio do Evangelho; induzem a própria Igreja à incoerência, como certas restrições na admissão aos ministérios, que privam o povo de Deus de serviços pastorais essenciais. "Quando uma pastoral em chave missionária assume um objetivo pastoral e um estilo missionário, [...] o anúncio concentra-se no essencial, no que é mais belo, mais importante, mais atraente e, ao mesmo tempo, mais necessário" (EG 35). O essencial, nas parábolas do Reino de Jesus, é o amor ao próximo, ao pobre, ao outro, ao que caiu nas mãos de ladrões, aos doentes e crucificados. O apóstolo Paulo apresenta a vida cristã "como um caminho de crescimento no amor: 'O Senhor vos faça crescer e superabundar de caridade uns para com os outros e para com todos'" (1Ts 3,12) (EG 161); "Cristo nos resgatou da maldição da Lei" (Gl 3,13), que faz, por vezes, da Igreja sua própria prisioneira.

A Exortação apostólica *Evangelii gaudium*, do Papa Francisco, remete à XIII Assembleia Geral Ordinária do Sínodo dos Bispos, que em 2012, de 7 a 28 de outubro, discutiu "A nova evangelização para a transmissão da fé cristã". Segundo um costume pós-sinodal, o papa há de devolver uma espécie de síntese do respectivo Sínodo como "Exortação apostólica" à comunidade católica.

A preocupação com a evangelização levou Bento XVI, em 2010, à instituição do "Pontifício Conselho para a Promoção da Nova Evangelização". As atribuições estatutárias desse Conselho, indicadas por um *motu proprio* (*Ubicumque et semper*, 21/09/2010), eram genéricas e restritivas, ao propor, por exemplo, o "*Catecismo da Igreja Católica* como formulação essencial e completa do conteúdo da fé para os homens do nosso tempo". O Catecismo cristalizado nos vinte anos depois de sua publicação, no dia 11 de outubro de 1992, já foi uma bagagem pesada, incapaz de acompanhar a "Igreja em saída". Tudo dependerá, segundo a EG, de "um anúncio renovado", que proporcione "aos crentes, mesmo tíbios ou não praticantes, uma nova alegria na fé" (EG 11). O Papa Francisco não se deixou seduzir por discussões conceituais sobre a "nova evangelização", pediu licença para "exprimir as preocupações" que o "movem neste momento concreto da obra evangelizadora da Igreja" (EG 16) e, "com base na doutrina da Constituição dogmática *Lumen gentium*", propôs "uma nova etapa evangelizadora", abordando as questões da "reforma da Igreja em saída missionária", "a Igreja vista como a totalidade do povo de Deus que evangeliza", "a inclusão social dos pobres" e "a paz e o diálogo social" (EG 17).

O Papa Francisco faz da EG um escrito autônomo e programático de seu papado. Para ele, o foco da "nova evangelização" não está nos destinatários, mas nos sujeitos:

"A nova evangelização deve implicar um novo protagonismo de cada um dos batizados [...]; não digamos mais que somos 'discípulos' e 'missionários', mas sempre que somos 'discípulos missionários'" (EG 120) que constituem a comunidade missionária. Nela se gesta o sonho de "uma opção missionária capaz de transformar tudo, para que os costumes, os estilos, os horários, a linguagem e toda a estrutura eclesial se tornem um canal proporcionado mais à evangelização do mundo atual que à autopreservação" (EG 27). Na "transformação missionária da Igreja" e na transmissão da fé "não se deve pensar que o anúncio evangélico tenha de ser transmitido sempre com determinadas fórmulas preestabelecidas [...] que exprimam um conteúdo absolutamente invariável. Transmite-se com formas tão diversas [...], cujo sujeito coletivo é o povo de Deus, com seus gestos e sinais inumeráveis" (EG 129).

Com a proposta de uma "Igreja em saída", o Papa Francisco traduziu o conceito de "natureza missionária" ou "Igreja essencialmente missionária" para os dias de hoje. Trata-se de uma Igreja que sai da própria comodidade e parte para as periferias (cf. EG 20; 30): "A Igreja 'em saída' é uma Igreja com as portas abertas" (EG 46) e despojada. A missão é o antídoto contra o sedentarismo e a mundanidade espiritual que cultiva "o cuidado da aparência" e se coloca a si mesma no centro e, ao mesmo tempo, num círculo de giz da autorreferencialidade (cf. EG 8, 94, 95). A "resposta à doação absolutamente gratuita de Deus" (EG 179) é a saída de si como "absoluta prioridade" da vida cristã: "A vida se alcança e amadurece à medida que é entregue para dar vida aos outros" (EG 10).

O paradigma da "Igreja em saída" inspira a possibilidade de um novo agir pastoral através do encontro e da proximidade entre povo de Deus e Igreja hierarquicamente estruturada. Ao comparar "a imagem ideal da Igreja [...] com o rosto real" (EG 26), surge o desafio de uma renovação profunda. A EG recorre a inspirações de Paulo VI (ES 10ss) e do Vaticano II (UR 6), que apresentaram "a conversão eclesial como a abertura a uma reforma permanente de si mesma por fidelidade a Jesus Cristo: 'Toda a renovação da Igreja consiste essencialmente numa maior fidelidade à própria vocação. [...] A Igreja peregrina é chamada por Cristo a esta reforma perene'" (EG 26). Certas cristalizações de estruturas eclesiais estorvam o dinamismo evangelizador: "Sem vida nova e espírito evangélico autêntico, sem 'fidelidade da Igreja à própria vocação', toda e qualquer nova estrutura se corrompe em pouco tempo" (EG 26). "A reforma das estruturas, que a conversão pastoral exige, só se pode entender neste sentido: fazer com que todas elas se tornem mais missionárias" (EG 27).

A transformação do paradigma da "Igreja em saída" em práxis pastoral exige, além de um êxodo geográfico e social, sobretudo saídas ideológicas, mudanças culturais e revisões históricas que são de longa duração. A Igreja, que trocou a sua capacidade de caminhar e voar ao ar livre, pela permanência numa "gaiola tradicionalista", necessita de uma fisioterapia prolongada para recuperar sua capacidade de movimentar-se, de voar e de assumir, corajosamente, novas necessidades pastorais.

A "Igreja em saída", nas bifurcações de caminhos novos, necessita de critérios para o discernimento na leitura dos sinais do tempo. Nas bifurcações sempre existe a possibilidade de uma escolha errada. Para Francisco provar a legitimidade de suas reformas, não bastam citações textuais dos antecessores. Às vezes, é necessário corrigir antecessores para conectar-se com a legítima tradição da Igreja, que não começou na Idade Média, mas com os apóstolos. A rigor, nem sempre é a santidade da vida de um cristão que garante sua ortodoxia, e nem sempre é a ortodoxia que garante a santidade da vida.

A Igreja "em saída" encontra obstáculos previsíveis. O Papa Francisco prefere

> uma Igreja acidentada, ferida e enlameada por ter saído pelas estradas, a uma Igreja enferma pelo fechamento e a comodidade de se agarrar às próprias seguranças. [...] Mais do que o temor de falhar, espera que nos mova o medo de nos encerrarmos nas estruturas que nos dão uma falsa proteção, nas normas que nos transformam em juízes implacáveis, nos hábitos em que nos sentimos tranquilos, enquanto lá fora há uma multidão faminta (EG 49).

A Igreja "enlameada" pelo encontro com os sobreviventes das lutas sociais não está em contradição com a Igreja imaculada. É a Igreja dos mártires que vem da grande tribulação e que lavou "as suas vestes no sangue do Cordeiro" (Ap 7,14). A saída exige "prudência e audácia" (EG 47), "coragem" (EG 33, 167, 194) e "ousadia" (EG 85, 129). Audácia, coragem e ousadia podem ser prudentes?

Líderes políticos e religiosos, às vezes, são prisioneiros da própria instituição que representam. Friedrich Engels lamenta a sorte de um líder de um movimento revolucionário, como a do teólogo da revolução, Thomas Münzer (1490-1525), cuja consciência é mais avançada do que a do povo que representa: "O pior que pode acontecer [...] é ser forçado a encarregar-se do governo num momento em que o movimento ainda não amadureceu suficientemente [...]. O que ele pode fazer, contradiz seus princípios [...], o que ele deve fazer, é impossível de realizar. [...] Quem chega nessa situação, está irremediavelmente perdido".

A fragilidade do Papa Francisco, provavelmente, está em sua pertença a dois setores. Por um lado, representa o povo simples, organizado ou não, porém, com pouca representatividade decisiva nas estruturas da Igreja. Mas, por outro, representa também o setor ao qual ele mesmo pertence, a hierarquia integrada em estruturas de poder de decisão. No sonho de Francisco são os dois setores eclesiais que deveriam dar sustento ao monotrilho de uma "Igreja pobre para os pobres" (EG 198). Na realidade, porém, emergem da convivência desigual desses dois setores contradições, condutas de conveniências, opções pelo mal menor.

Em seu discurso aos movimentos populares na Bolívia, no dia 9 de julho de 2015, o Papa Francisco pediu perdão aos povos indígenas pelos "muitos e graves pecados contra os povos nativos da América, em nome de Deus". O papa pede "humildemente perdão, não só para as ofensas da própria Igreja, mas também para os crimes contra os povos nativos durante a chamada conquista da América" (cf. sítio do Vaticano, 09/07/2015, n. 3.2.). Mas, ao pedido de perdão, seguiu-se um "porém" sobre a graça que superabundou na desgraça da conquista, um autoelogio eclesial sobre "tantos bispos, sacerdotes e leigos que pregaram e pregam a boa-nova de Jesus com coragem e mansidão". Esses arautos da evangelização, segundo o mesmo discurso de Francisco, "deixaram impressionantes obras de promoção humana e de amor, pondo-se muitas vezes ao lado dos povos indígenas ou acompanhando os próprios movimentos populares mesmo até ao martírio", não sem lembrar que "a nossa fé é revolucionária, porque a nossa fé desafia a tirania do ídolo dinheiro".

Em seu discurso de encerramento, no último dia do Sínodo sobre a família (24/10/2015), o Papa Francisco se dirigiu aos padres sinodais e colaboradores curiais. Precisamos abordar as dificuldades, disse o papa "sem medo e sem esconder a cabeça na areia". Quem esconde a cabeça na areia são as avestruzes, que não sabem voar. Quando aparecem dificuldades, elas correm ou escondem sua cabeça na areia. A metáfora explica muitas dificuldades de Francisco e ele nos pergunta: "Como posso trabalhar com avestruzes, que não sabem voar, que correm, na hora do perigo, e escondem a cabeça na areia?". "Como posso trabalhar com colaboradores que têm mais medo da imprensa do que do Juízo Final, com discípulos de Jesus que procuram a sua salvação na fuga? Como posso viver, nessa Igreja, o princípio sinodal, com um setor majoritário que não quer ver a realidade e põe a cabeça na areia?" Francisco é também discípulo missionário de Jesus no Monte das Oliveiras. A "Igreja em saída" não é uma receita mágica. É a proposta de um longo caminho, de um horizonte que nos faz caminhar.

9

"LOUVADO SEJAS" COM FOGO PENTECOSTAL E JOVIALIDADE FRANCISCANA

Foi no dia 24 de maio de 2015, na festa de Pentecostes, que o Papa Francisco assinou a Encíclica Louvado sejas (LS). O documento radia esse espírito pentecostal que com jovialidade franciscana anima o debate "sobre o cuidado da casa comum", o planeta Terra. Esse cuidado é bifocal. Trata-se da casa comum e dos habitantes dessa casa. A casa está destelhada, com muitas goteiras e muros rachados. Os habitantes da casa ocupam espaços desiguais. Uns têm cubículos, outros, mansões. Os pobres, que vivem na rua, são os primeiros que a precariedade da casa prejudica.

O que está em jogo com a casa comum destelhada não são algumas questões ecológicas isoladas, mas a responsabilidade de toda humanidade pelo planeta Terra. Agora não se trata apenas de mais zelo ou mais piedade, mas de iniciar "um processo de reforma missionária ainda pendente" (LS 3). "Hoje, crentes e não crentes estão de acordo que a terra é, essencialmente, uma herança comum, cujos frutos devem beneficiar a todos. Para os crentes, isto torna-se uma questão de fidelidade ao Criador, porque Deus criou o mundo para todos" (LS 93). Pela inclusão de toda a humanidade na responsabilidade por um bem comum, que é a nossa terra, a *Laudato si'* é estruturalmente missionária. "O clima é um bem comum, um bem de todos e para todos" (LS 23). O bem viver de todos exige a construção de um mundo sem privilégios e sem privilegiados.

Na Igreja do Brasil, desde os anos 1970 do século passado, a responsabilidade ecológica foi articulada com o bem comum de todos, como já mostram o tema e o lema da Campanha da Fraternidade (CF) de 1979: "Por um mundo mais humano" e: "Preserve o que é de todos". Em 1992, com a iminente realização da Conferência das Nações Unidas sobre Meio Ambiente e Desenvolvimento, o setor pastoral social da Conferência Nacional dos Bispos do Brasil – CNBB realizou um seminário sobre "a Igreja e a questão ecológica" (cf. LS 88), que tratou sobre os custos sociais e ambientais do desenvolvimento. A CF/2004 focou na questão da água ("Água, fonte de vida") e a CF/2011 convidou outra vez para a "conversão ecológica", com o tema: "Fraternidade e a vida no planeta". O lema deu voz à palavra do apóstolo Paulo: "A criação geme em dores de parto" (Rm 8,22). Muitas Campanhas da Fraternidade antecipa-ram preocupações com uma "ecologia integral" através das questões do trabalho (CF/1978, 1991, 1999), da migração

(CF/1980), da terra (CF/1986), da moradia (CF/1993), embora devamos admitir que o conjunto do povo de Deus e da humanidade ainda não mordeu a questão do "cuidado da casa comum" de todos e para todos.

A partir da reflexão teológica da fé cristã, compreende-se a argumentação fundamental da LS: "Não podemos deixar de reconhecer que uma verdadeira abordagem ecológica sempre se torna uma abordagem social, que deve integrar a justiça nos debates sobre o meio ambiente, para ouvir tanto o clamor da terra como o clamor dos pobres" (LS 49). O canto firme, que atravessa toda a encíclica LS, é a articulação da questão ambiental com a questão sociocultural.

A LS assume as seguintes "linhas-mestras":

1. Existe um nexo histórico entre questões ecológicas e questões sociais (cf. LS 43). "O ambiente humano e o ambiente natural degradam-se em conjunto" (LS 48) e exigem uma "ecologia integral" (LS 137ss).

2. A noção do desenvolvimento subordinado ao lucro produziu a "cultura do descarte" (LS 16, 22, 43) e a deterioração da qualidade de vida.

3. Somente uma "ecologia humana" (LS 5, 148, 152, 155s), que antes de tudo deve ser uma "ecologia integral" (LS, cap. IV), pode frear a degradação socioambiental e climática. Ela exige "conversão ecológica" (LS 5, 216-221) e responsabilidade.

4. A "ecologia humana" é o cuidado da "casa comum" do planeta Terra e é expressão vivencial e responsável pelo "bem comum" (LS 23ss, 156ss) de todos.

5. A desigualdade social acoplada à degradação ambiental, climática e cultural "não afeta apenas os indivíduos, mas países inteiros, e obriga a pensar numa ética das relações internacionais" (LS 51; cf. 56). A crise ecológica é a "manifestação externa da crise ética, cultural e espiritual da modernidade" (LS 119).

6. A reflexão ecológica aprofunda as questões sociais e a opção pelos pobres: "Não há duas crises separadas: uma ambiental e outra social; mas uma única e complexa crise socioambiental" (LS 139).

7. A LS faz uso da metodologia indutiva e latino-americana do ver-julgar-agir, denuncia uma concepção idolátrica e mágica do mercado (cf. LS 190, 56) e protesta contra uma economia que exclui os mais pobres (cf. LS 95).

"O ambiente humano e o ambiente natural degradam-se em conjunto" (LS 48). A reflexão ecológica aprofunda as questões sociais e a opção pelos pobres: Por causa disso, não podemos

> considerar a natureza como algo separado de nós ou como uma mera moldura da nossa vida. Estamos incluídos nela, somos parte dela e compenetramo-nos. [...]. As diretrizes para a solução requerem uma abordagem integral para combater a pobreza, devolver a dignidade aos excluídos e, simultaneamente, cuidar da natureza (LS 139).

Na exploração ambiental se espelha a exploração dos pobres: "Entre os pobres mais abandonados e maltratados, conta-se a nossa terra oprimida e devastada, que 'geme e sofre as dores do parto' (Rm 8,22)" (LS 2).

A teologia subjacente à reflexão teológica da questão ecossocial é a Teologia da criação. Tudo que existe fora de Deus foi criado por ele. Criação e redenção, como obras da Trindade, são obras do amor (cf. LS 238-240; GS 19a). A finalidade da criação é a revelação da glória de Deus. Através do trabalho e da criatividade cultural, a humanidade continua a obra da criação com certa liberdade, o que exige responsabilidade.

Jesus Cristo corrige a lei "natural" da sobrevivência do mais forte, que era necessária até o aparecimento do ser humano. Consciência, liberdade e língua, que constituem a dignidade particular da humanidade, são capazes de superar a programação dos instintos.

Através do Antigo Testamento, Deus preparou Israel para romper com a lei do mais forte por meio da missão de seu enviado, Jesus Cristo. Este defendeu o conjunto da humanidade pelo olhar dos pequenos, dos mais fracos, dos pobres e das minorias étnicas ameaçadas (cf. Lc 4,18; 6,20; 19,10; Mt 12,20; 25,40). Com base em nossa fé, compreendemos a substituição da lei do mais forte pela boa convivência de todos – com Deus, a humanidade e a natureza – como "Nova Criação" (2Cor 5,17; Gl 6,15). Esta se realiza como "bem viver" de todos.

Por fazer parte da natureza, temos com ela uma missão ética de responsabilidade e de solidariedade recíproca com tudo que foi criado (cf. LS 92). A herança genética está inscrita em nossa vida, mas temos também dispositivos de responsabilidade que nos fazem ir além da obrigatoriedade dos instintos e das programações genéticas. Educação e cultura podem despertar na humanidade "uma paixão pelo cuidado do mundo" (LS 216), por relações fraternas com ela e pela liberdade responsável na construção de relações de igualdade através da passagem "da avidez à generosidade, do desperdício à capacidade da partilha, numa ascese que significa aprender a dar, e não simplesmente renunciar" (LS 9).

Hoje, gratuidade e ascese, despojamento e mística, solidariedade e responsabilidade podem ser o freio de emergência contra a maximização dos lucros e a aceleração do crescimento: "Dentro do esquema do ganho não há lugar para pensar nos ritmos da natureza, nos seus tempos de degradação e regeneração, e na complexidade dos ecossistemas que podem ser gravemente alterados pela intervenção humana" (LS 190). O horizonte de LS vai muito além da proposta de um capitalismo verde. Trata-se de "uma renúncia a fazer da realidade um mero objeto de uso e domínio" (LS 11). Cada gesto simbólico ou real de gratuidade rompe com a lógica de custo-benefício. Cada mudança na matriz energética pode tornar o mundo mais habitável. Cada transformação de relações de competição em relações de reciprocidade pode ser a raiz de uma nova pessoa e de uma outra sociedade.

10

NOVOS CAMINHOS PELO "SÍNODO PARA A AMAZÔNIA"

O Sínodo para a Amazônia (2019) foi convocado para propor "Novos caminhos para a Igreja e para uma ecologia integral". E a responsabilidade de encontrar esses novos caminhos é de todo o povo de Deus (cf. SUESS, 2019). Na Constituição apostólica *Episcopalis communio*, sobre o Sínodo dos Bispos, por ocasião do cinquentenário da instituição do primeiro Sínodo, o Papa Francisco se dirigiu, em 15 de setembro de 2018, aos delegados do Sínodo da Juventude, afirmou que sinodalidade é uma "dimensão constitutiva da Igreja" (EC 6) e sublinhou sete pontos que serão de grande importância para o clima do Sínodo para a Amazônia e para a recepção de suas decisões:

1. À serviço do povo de Deus.

"Todos os pastores são constituídos para o serviço do povo santo de Deus, ao qual eles mesmos pertencem em virtude do sacramento do Batismo" (EC 5).

2. A comunhão episcopal.

Deve-se "favorecer ainda mais o diálogo e a colaboração entre os bispos e entre eles e o bispo de Roma" (EC 5).

3. Os mestres também são discípulos.

"O bispo é, simultaneamente, mestre e discípulo. É mestre quando, dotado duma assistência especial do Espírito Santo, anuncia aos fiéis a Palavra de verdade em nome de Cristo cabeça e pastor. Mas é também discípulo, quando ele, sabendo que o Espírito é concedido a cada batizado, se coloca à escuta da voz de Cristo que fala através de todo o povo de Deus" (EC 5).

4. Bispos e povo de Deus são construtores dos novos caminhos.

O bispo e o povo de Deus têm uma responsabilidade em comum para indicar e intuir os novos caminhos necessários: "O bispo é conjuntamente chamado a 'caminhar à frente, indicando o rumo, apontando a vereda; caminhar no meio, para fortalecer [o povo de Deus] na unidade; caminhar atrás, não só para que ninguém fique para trás, mas também e sobretudo para seguir a intuição que o povo de Deus tem para encontrar novas sendas" (EC 5).

5. Participação dos organismos diocesanos.

O bispo que vive no meio dos seus fiéis mantém os ouvidos abertos para escutar "o que o Espírito diz às Igrejas" (Ap 2,7) e a "voz das ovelhas", também através daqueles organismos diocesanos que têm a tarefa de aconselhar o bispo, promovendo um diálogo leal e construtivo (EC 5). O "Sínodo dos Bispos deve tornar-se cada vez mais um instrumento privilegiado de escuta do povo de Deus: 'Para os padres sinodais, pedimos, do Espírito Santo, antes de mais nada o dom da escuta: escuta de Deus, até ouvir com ele o grito do povo; escuta do povo, até respirar nele a vontade de Deus que nos chama'" (EC 6).

6. Comunhão e participação.

"Embora na sua composição se configure como um organismo essencialmente episcopal, o Sínodo não vive separado do resto dos fiéis. Pelo contrário, é um instrumento adequado para dar voz a todo o povo de Deus precisamente por meio dos bispos" (EC 6).

7. Escutar a voz do povo de Deus e inculturar as decisões.

A voz do povo de Deus é acolhida por um amplo processo consultivo que deve ser acolhido nos documentos preparatórios para o Sínodo (EC 7, 9). Após o Sínodo, deve iniciar-se "em todas as Igrejas particulares a recepção das conclusões sinodais, acolhidas pelo romano pontífice [...] e cada princípio geral (...), se quiser ser observado e aplicado, precisa ser inculturado" (EC 7). Não se trata de ser fiéis a fórmulas que não transmitem a substância: "Lembremo-nos de que a expressão da verdade pode ser multiforme" (EG 41).

A inovação do Sínodo não está na reformulação doutrinal, mas na assunção do princípio da sinodalidade. Onde o papa poderia interferir, graças à sua autoridade ministerial, ele não interferiu. A sinodalidade, quer dizer, o princípio da participação na construção do caminho comum, só pode ter resultados a longo prazo, desde que seja também assumida na escolha dos bispos e na administração das Igrejas locais. "O caminho da sinodalidade é precisamente o caminho que Deus espera da Igreja do terceiro milênio" (FRANCISCO, *Discurso*, 2015).

O Sínodo para a Amazônia – e nisso está a sua relevância para a Igreja universal – foi convocado para dar um passo decisivo da colegialidade episcopal do Vaticano II à sinodalidade no século XXI, que procura avançar em direção a uma participação partilhada entre o bispo de Roma, os bispos diocesanos e o povo de Deus. Nos "novos caminhos" se encontrarão habitantes autóctones empenhados em ajudar os seus bispos, como pediu o Papa Francisco, em seu discurso de Puerto Maldonado (19/01/2018), ao falar em "plasmar uma Igreja com rosto amazônico e uma Igreja com rosto indígena" (Fr.PM).

Quem busca "novos caminhos" já experimentou outros caminhos que o desviaram do alvo. Quais são os critérios para a afirmação de que esse ou aquele caminho foi um desvio que terminou numa contramão pastoral? Nas questões pastorais há o critério dos quinhentos anos. Depois de meio século de presença eclesial na Amazônia, o labor pastoral e missionário não conseguiu edificar uma Igreja com rosto amazônico. Igrejas proselitistas, evangélicas e pentecostais, tornaram-se hegemônicas em mais da metade das comunidades amazônicas.

Também a necessidade de novos caminhos para uma ecologia integral é um indicador de que anteriormente foram percorridos caminhos errados, com nomes concretos: colonização, civilização, desmatamento da floresta, exploração da madeira e de minérios, contaminação dos rios. Quem transformou o maravilhoso mundo marinho em cemitérios subaquáticos despojados de vida e de cor (EG 215)?

Assumir um rosto amazônico na Igreja local significa descolonizar a Igreja. Se agora falamos de um "rosto amazônico" e um "rosto indígena" da Igreja, admitimos que até agora obrigamos essa região a ter um outro rosto, um rosto romano ou uma máscara europeia. "O Evangelho convida-nos sempre a abraçar o risco do encontro com o rosto do outro, com a sua presença física que interpela, com seus sofrimentos e suas reivindicações, com a sua alegria contagiante permanecendo lado a lado" (EG 88). Hoje compreendemos melhor que a Igreja, que assumiu a cultura da Palestina ou da Grécia, pode e deve também assumir as culturas dos povos indígenas. "O que não é assumido, não é redimido" (DP 400). No labor missionário precisamos aprender a trabalhar com o cultural e socialmente disponível, e não importar nem impor outras culturas. Os rostos da Amazônia têm feições culturais e sociais – uns nos lembram da beleza da criação e de Jesus ressuscitado, em outros reconhecemos "as feições sofredoras de Cristo" (DP 31). O Sínodo para a Amazônia coloca, com novo rigor, os desafios da assunção da realidade sociocultural e da inculturação na pauta pastoral de hoje. Práticas de ecologia integral são também práticas de evangelização integral: "Toda autêntica missão unifica a preocupação pela dimensão transcendente do ser humano e por todas as suas necessidades concretas" (DAp 176; cf. EG 88).

Em uma videomensagem do dia 7 de agosto de 2013, por ocasião da Festa de São Caetano na Argentina, o Papa Francisco pergunta a um interlocutor argentino:

> Quarta-feira, 7 de agosto de 2013
> "Você dá esmola?"
> Diz para mim: "Sim, padre".
> "E quando você dá a esmola, olha nos olhos da pessoa a quem dá a esmola?"
> "Ah, não sei, não me dou conta disso."
> "Então você não encontrou a pessoa. Você jogou a esmola e foi embora. Quando você dá a esmola, toca a mão ou joga a moeda?"
> "Não, jogo a moeda."
> "E, então, não o tocou. E se não o tocou, não o encontrou. Aquilo que Jesus nos ensina, antes de tudo, é encontrar-se e ajudar encontrando."

Para Francisco, o encontro tem um caráter sacramental. Nosso "ir ao encontro" abre a porta para que aquele que foi encontrado por nós se encontre com Jesus. Nosso "ir ao encontro" é a atitude de deixar Deus, através de nós, "atrair" os fugitivos de sua bondade e verdade. "A Igreja deve aceitar essa liberdade incontrolável da Palavra, que é eficaz a seu modo [...], superando as nossas previsões e quebrando os nossos esquemas" (EG 22). A salvação oferecida por Deus "é obra da sua misericórdia. Não há ação humana, por melhor que seja, que nos faça merecer tão grande dom. Por pura graça, Deus atrai-nos para nos unir a si" (EG 112).

Os eixos que são temas que sempre voltam no projeto missionário de Francisco, apontam para uma "Igreja-caminhão" que ainda carrega fardos desnecessários que se acumularam no decorrer dos séculos: desconhecimento da realidade, desencontros, eclesiocentrismo, proselitismo, rigidez, autoritarismo, centralismo, autorreferencialidade etc. Talvez seja melhor falar em sinais que apontam para um processo de purificação da Igreja e rupturas necessárias (SUESS, 2017, p. 55). Podemos compreender os eixos do projeto de Francisco como sacramentos, sinais salvíficos da presença de Deus, do seu perdão, acolhimento e envio.

Papa Francisco incorporou na sua "pororoca missionária" também a calmaria da *humildade*, que descreve como virtude "das pessoas cheias de Deus, que, quanto mais sobem de importância, tanto mais cresce nelas a consciência de nada serem e de nada poderem fazer sem a graça de Deus" (Discurso natalino, 21/12/2015). Em sua aparição no balcão central da Catedral de São Pedro, na noite de sua eleição, no dia 13 de março de 2013, despediu-se de seus interlocutores, humildemente, com o pedido: "Rezem por mim!". Ao terminar seus doze probióticos de misericórdia,[1] no mesmo discurso natalino de 2015, puxou uma oração atribuída a São Romero das Américas, que tem características de um testamento espiritual do próprio Francisco:

> Senhor, de vez em quando,
> ajuda-nos a recuar um passo e ver de longe.
> O Reino não está apenas para além dos nossos esforços,
> está também para além das nossas visões.
> Na nossa vida, conseguimos cumprir
> apenas uma pequena parte
> daquele maravilhoso empreendimento
> que é a obra de Deus.
> Nada daquilo que fazemos está completo.
> Isto quer dizer que o Reino
> está mais além de nós mesmos.
> Nenhuma afirmação diz tudo o que se pode dizer.
> Nenhuma oração exprime completamente a fé.

---

[1] Eis os doze "probióticos" parafraseados pelo papa: 1. **M**issionariedade e pastoreação. 2. **I**doneidade e sagácia. 3. E**S**piritualidade e humanidade. 4. **E**xemplaridade e fidelidade. 5. **R**acionalidade e amabilidade. 6. **I**nocuidade e determinação. 7. **C**aridade e verdade. 8. H**O**nestidade e maturidade. 9. **R**espeito e humildade. 10. **D**adivosidade e atenção. 11. **I**mpavidez e prontidão. 12. Fi**A**bilidade e sobriedade.

Nenhum credo contém a perfeição.
Nenhuma visita pastoral traz consigo todas as soluções.
Nenhum programa cumpre plenamente
a missão da Igreja.
Nenhuma meta ou objetivo atinge a dimensão completa.
Disto se trata: plantamos sementes que um dia nascerão.
Regamos sementes já plantadas,
sabendo que outros as guardarão.
Colocamos as bases de algo que se desenvolverá.
Colocamos o fermento que multiplicará
as nossas capacidades.
Não podemos fazer tudo,
mas dá uma sensação de libertação iniciá-lo.
Dá-nos a força de fazer qualquer coisa e fazê-la bem.
Pode ficar incompleto,
mas é um início, o passo dum caminho.
Uma oportunidade para que a graça de Deus
entre e faça o resto.
Pode acontecer que nunca vejamos a sua perfeição,
mas esta é a diferença entre o mestre de obras
e o trabalhador.
Somos trabalhadores, não mestres de obras,
servidores, não messias.
Somos profetas de um futuro que não nos pertence.

REFERÊNCIAS BIBLIOGRÁFICAS

FRANCISCO, Papa. Carta do Papa Francisco ao arcebispo de San Salvador por ocasião da beatificação de D. Oscar Arnulfo Romero Galdámez, sítio do Vaticano, 23 de maio de 2015.

_____. Discurso na comemoração do cinquentenário da instituição do Sínodo dos Bispos, <www.vaticano.va>; A Santa Sé; Discursos, 17/10/2015.

FREUD, Sigmund. *O mal-estar na civilização. Obras completas.* Rio de Janeiro: Imago Editora, 1996, p. 73-148, v. XXI.

GALAVOTTI, Enrico. Jorge Mario Bergoglio e il Concilio Vaticano II: Fonte e metodo. In: MANDREOLI, Fabrizio (org.). In: *La teologia di Papa Francesco. Fonti, metodo, orizzonte e conseguenze.* Bologna: Edizioni Dehoniane (EDB), 2019, p. 61-87.

LAS CASAS, Frei Bartolomé de. *O paraíso destruído: brevíssima relação da destruição das Índias.* Porto Alegre: L&PM, 2016.

León-Portilla, Miguel (ed.). *Los diálogos de 1524 según el texto de fray Bernardino de Sahagún y sus colaboradores indígenas.* Méxiko, 1986.

LOYOLA, Inácio de. *Exercícios espirituais.* São Paulo: Loyola, 2000.

PALAVRAS DO PAPA FRANCISCO NO BRASIL, São Paulo: Paulinas, 2013.

PRODI, Matteo. Fonti, metodo e orizzonte di Papa Francesco a partire dai quattro principi. Applicazioni pratiche per l'oggi. In: MANDREOLI, Fabrizio (org.). *La teologia di Papa Francesco. Fonti, metodo, orizzonte e conseguenze.* Bologna: Edizioni Dehoniane (EDB), 2019, p. 175-202.

RAHNER, Karl. Dimensões do martírio: Tentativa de ampliar um conceito clássico. *Concilium* (1983/3): 13-16.

ROMERO, Oscar. Homilias no original em espanhol. In: <http://www.sicsal.net/romero/homilias/indice.htm> [Cristo nos confiou uma missão profética, 15º Domingo do Tempo Ordinário, Ciclo B, 15.07.1979].

SUESS, Paulo. A proposta do Papa Francisco para o Sínodo Pan-Amazônico de 2019: sinodalidade, missão, ecologia integral. *Perspectiva Teológica*, Belo Horizonte, jan./abr. 2019, v. 51, n. 1, p. 15-30 <http://www.faje.edu.br/periodicos/index.php/perspectiva>.

_____. *Missão e misericórdia. A transformação missionária da Igreja segundo a Evangelii gaudium.* São Paulo: Paulinas, 2017.

_____. Liberdade e servidão. Missionários juristas e teólogos espanhóis do século XVI frente à causa indígena. In: Id. (org.). *Queimada e semeadura. Da conquista espiritual ao descobrimento de uma nova evangelização.* Petrópolis: Vozes, 1988, p. 21-44.

ZUBILLAGA, Felix (org.). Cartas y escritos de San Francisco Javier, Madrid: BAC, 1968. [As cartas em português são mormente transcritas pela seleção de: CARDOSO, Armando, *Cartas e escritos de São Francisco Xavier*, São Paulo, Loyola, 1996, porém, com a indicação sequencial de Zubillaga.]

SUMÁRIO

Introdução 9
1. Pororoca missionária 17
2. Projeto missionário: alegria, transformação, relevância .. 21
3. Discípulo de Inácio de Loyola e
   Francisco de Assis (1) 31
4. Discípulo de Inácio de Loyola e
   Francisco de Assis (2) 37
5. Da sustentável "natureza missionária":
   Vaticano II, Paulo VI e Francisco 43
6. Aparecida: do "coro de fundo" para
   "protagonistas da vida nova" (DAp 11) 51
7. Missão e martírio 59
8. A alegria do Evangelho na Igreja em saída 65
9. "Louvado sejas" com fogo pentecostal e
   jovialidade franciscana 75
10. Novos caminhos pelo "Sínodo para a Amazônia" 81
Referências bibliográficas 91

Rua Dona Inácia Uchoa, 62
04110-020 – São Paulo – SP (Brasil)
Tel.: (11) 2125-3500
http://www.paulinas.com.br – editora@paulinas.com.br
Telemarketing e SAC: 0800-7010081